企業不祥事と公益通報者保護法について

弁護士　外井浩志

はしがき

　今回、新しく公益通報者保護法の解説を書くことになったが、その契機は、ある公益団体から公益通報者保護法関係の研修会の講師の依頼を受け、約9年ぶりに保護法を勉強したからである。この法律は平成18年4月に施行されたが、その後約9年間、見直しはなく、ガイドラインなども殆ど変わっていない。しかし、その間の企業や各団体の不祥事は凄まじいものがあり、おそらくはその端緒の多くは内部通報（内部通報は必ずしも公益通報ではない）にあると思われることを考えると、もう少し内部通報そのものに対する認識が変わってもよいのではないかと思うが、今のところ法改正の具体的な動きは表面化していない。

　私個人は、内部通報は、できればその企業内で全て解決され、行政官庁やマスコミ等の第三者には出ないようにできないか（そのためには各企業もその内部通報に対して適切かつ迅速に対応できるようにすべきである）と考えているところである。とはいえ、一方で、最近、各企業において公益通報窓口、セクハラ・パワハラホットライン等の窓口を設けることも多くなったが、これも真にその通報者のために実施しているのか、甚だ疑わしい事例もあり、到底、有効に機能しているとは思えない。そのため、内部通報のあり方については、基本的なところから組み立て直して行く必要があるように思っているが、未だに考えがまとまっていない。

　そのような状況下で、本著は、高度の議論ではなく、企業・団体の不祥事の実例の紹介と保護法の簡略な解説に留めており、それより新しく高度な議論には踏み込んでいない。その意味では、本書は資料集のような意味合いが強いかもしれない。なお、公益通報制度の問題点については、私なりの思いをザ・ローヤーズ2015年2月号（アイ・エル・エス出版）に掲載させていただいているが、未だ

に建設的な意見にはまとまっていない（駄文で恐縮であるが、興味のある方はお読みいただければ幸いである）。法制度が変わったり、私なりの意見がまとまったら、本テーマを資料集としてではなく、理論的な実務書として書き直したいと思っている。

　本著の出版に当たっては、とりい書房の大西強司氏に大変お世話になった。未だに途上にあるものを出版できるということはまことに光栄なことである、今後、自分なりの考えがまとまれば、いずれは改訂したいとは考えてはいるが、取りあえずは現状を現すものとして本書を出させていただくことにしたい。

平成 27 年 3 月

弁護士　外井浩志

Contents

第1章　公益通報者保護法の目的　007

1. 企業不祥事とコンプライアンスの確保 ………… 008
2. ぞくぞく出てくる企業不祥事 ……………… 009
3. 通報の必要性とその保護の必要性 ………… 018

第2章　コンプライアンスと企業の社会的な責任　019

1. コンプライアンスの重要性 ……………… 020
2. 企業不祥事の分類と具体例 ……………… 037
3. 企業の対策 ……………………………… 087

第3章　公益通報者保護法の概要　089

1. 目　的 …………………………………… 090
2. 公益通報とは ……………………………… 091
3. 公益通報を受けた場合の措置 …………… 096
4. 解雇その他の不利益取扱の禁止 ………… 098
5. 公務員の取扱い …………………………… 101

005

Contents

6. ガイドラインの内容 …………………… 102

第4章 公益通報に関する裁判例と留意事項　105

1. 裁判例の紹介 ……………………………… 106
2. 企業の考慮すべき留意点 ……………… 113

資　料　117

通報対象となる法律一覧（445本）……… 118

公益通報者保護法に関する
　　民間事業者向けガイドライン …………… 139

国の行政機関の通報処理ガイドライン
　（外部の職員等からの通報）……………… 143

国の行政機関の通報処理ガイドライン
　（内部の職員等からの通報）……………… 148

企業行動憲章 ………………………………… 153

第1章

公益通報者保護法の目的

1. 企業不祥事とコンプライアンスの確保

2. ぞくぞく出てくる企業不祥事

3. 通報の必要性とその保護の必要性

1. 企業不祥事とコンプライアンスの確保

　公益通報者保護法が 2004 年 6 月 18 日に公布され、法の施行日は 2006 年 4 月 1 日である。何故、このような法律が制定されたかといえば、それは主として企業社会にはびこる不祥事を糺し、国民の生命、身体、財産その他の利益を保護するためであった。

　平成 10 年前後には、社会の信頼を裏切る企業の不祥事が続出し、企業社会でも法令遵守（コンプライアンス）や企業の社会的責任という考え方が提唱されるようになったが、未だにそれが一部の企業社会で定着しているに過ぎず、まだまだ、利潤追求のためにその社会的な正義、社会倫理を忘れて猛進する企業も多い。おそらく企業の中には発覚しなければよい等という考えで違法なことでも利潤追求のためならやむを得ないというあまりにも利己的な考え方が定着しているかのようである。

2. ぞくぞく出てくる企業不祥事

　2006 年 4 月から公益通報者保護法が施行され、一旦は、不祥事も減少したかのように思われたが、決してそうではない。その後も、不祥事は次々と起こった。代表的なものを挙げると、**パロマ工業**（ガス瞬間湯沸かし器の不良による一酸化酸素中毒 *1）、**船場吉兆**（賞味期限偽装 *2）、**検察庁**（大阪地検前田検事の証拠偽造 *3）、**ライブドア**（有価証券報告書の虚偽記載、虚偽情報の流しで自社株、関連会社株の株価の不当な吊り上げ *4）、**村上ファンド**（インサイダー取引 *5）、**JR 西日本**（事故調査委員会への不当な接触、資料の不提出 *6）、**オリンパス**（巨額の損失隠し *7）、**大王製紙**（井川社長による不正借り入れと特別背任 *8）、**阪急阪神ホテルズ**（食材偽装 *9）、**NHK**（籾井新会長の政治的中立性を欠く発言 *10）、**理研**（笹井、小保方問題 *11）、**ノバルティスファーマ社**（薬品データ改ざん *12）、**兵庫県議会問題**（野々村議員の虚偽の

政務出張費支出 *13)、**東京都議会問題**（被害者塩村議員に対するセク
ハラ野次 *14)、**ベネッセコーポレーション**（個人情報（ビッグデータ）
漏洩事件 *15) など巨大な不祥事が次から次に浮かびあがった。

　そのため、これまでの法規制では十分ではないとして、公益通報者保
護法の法改正の動きもあるが、改正が実現するのはまだ先である。

(*1) パロマ工業

　経済産業省は、2006 年 7 月 14 日に、パロマ工業が製造したガス瞬
間湯沸かし器の配線の改造が原因と見られる一酸化炭素中毒が、1985
年以降 17 件発生し、15 人が死亡したことを公表した。そして、パロ
マ工業の小林社長は記者会見で「製品には問題がないと考えている。」
と発言した。しかし、それ以外にも事故はあり、2006 年 7 月 18 日、
パロマ工業は、経済産業省が公表した 17 件の事故とは別に 10 件の
事故があることを公表し、死者は併せて 20 人にのぼったということ
になる。同年 7 月 31 日、8 月 7 日と経済産業省は、立入り調査を行
い、製品には事故を誘発する構造上の問題があるとして、8 月 28 日
に、パロマ工業に対して、消費生活用製品安全法に基づいて対象製品
26 万台の回収を命じた。

(*2) 船場吉兆

　2007 年 10 月 28 日、船場吉兆が経営する福岡市の岩田屋内の売り場
で、売れ残った黒豆プリン、桜ゼリー、抹茶ゼリー、タルトなどの菓
子ラベルを毎日貼り直して消費期限、賞味期限切れの表示を偽装して
いたことが発覚し、同年 11 月 9 日、大阪市中央区の本店でも佐賀県
産の和牛を「但馬牛」、ブロイラーを「地鶏」等と偽装の表示をして
いたことが発覚、大阪府警は不正競争防止法違反（品質虚偽表示）と
して強制捜査を開始した。その後、4 店舗全店で、客が残した料理を
一旦回収し、別の客に提供していたことが発覚し、一気に信用を落と
した。2007 年 12 月に記者会見を開いた際、湯木佐和子社長が息子長
男の喜久郎に返答内容を小声で指示し、喜久郎がオウムのように繰り

返す事が行われ、それがマイクに拾われてしまうという大失態を演じた。

2008 年 1 月 16 日、船場吉兆は大阪地裁に民事再生法の適用を申請したが、食べ残しの使い回しが 10 年以上前から行われていたことが発覚して予約のキャンセルが相次ぎ、2008 年 3 月 28 日、大阪保健所に飲食店の廃業届を出し、民事再生手続の廃止の申請をし、2008 年 6 月 23 日、破産手続が開始された。

(*3) 検察庁

厚労省の元局長村木厚子を被告人とする障害者郵便制度悪用事件で、2009 年 5 月 26 日に、同事件の元係長のフロッピーディスクごとデータが差し押さえられていたが、そのデータの作成日時について、「6 月 1 日未明（5 月 31 日深夜）」から「6 月 8 日」に書き換えられていた事が発覚した。そして、2010 年 9 月 21 日に、同事件の主任検事であった元大阪地検特捜部の前田恒彦が逮捕され、最高検が捜査を指揮した。そして、2010 年 9 月 27 日に、大阪地検元特捜部長大坪弘道と副部長佐賀元明も、犯人隠避容疑で逮捕された。なお、村木被告に対しては、2010 年 9 月 10 日に無罪判決が出された。

前田元検事は、証拠隠滅の罪で懲役 1 年 6 月の実刑、大坪と佐賀は、証拠隠滅、犯人隠避の罪で一審で懲役 1 年 6 月、執行猶予 3 年となり、控訴棄却されて上告せずに確定した。

(*4) ライブドア（なお詳しくは、27 頁 *31 参照）

2006 年 1 月、東京地検特捜部と証券取引等監視委員会は、合同で、証券取引法違反容疑でライブドア本社などの強制捜査を行った。自社株、関連株の価格吊り上げ操作の事件で、当期純損失であったにもかかわらず、架空売上げを計上するなどして増収増益を達成して完全黒字化に見せかけた。ダミーの投資事業組合を通して、自己株式売却によって得た金を利益として計上した。その結果、2004 年 9 月期決算では、約 3 億円の経常赤字であったにもかかわらず、約 50 億円の黒

字であったと虚偽の記載をした有価証券報告書を作成して提出した。これが引き金となり、株式市況は数日にわたり大幅値下げとなった。ホリエモンこと堀江貴文は逮捕され2年6か月の懲役刑に服した。また、2006年4月14日に、東京証券取引所はライブドアとライブドアマーケティングの株式を、上場廃止することにした。

(*5) 村上ファンド

村上ファンドは、ライブドアがニッポン放送の株式を大量に取得し、経営権を握ろうとした際、村上世彰代表にニッポン放送の株式を大量に買い集める情報を知らせて協力を求めたというもので、村上代表は、インサイダー取引（証券取引法違反）で、売却益30億円を得たとして、2006年6月に起訴された。このインサイダー取引容疑の余波として、2006年6月、福井俊彦日銀総裁が、富士通総研理事長時代に村上ファンドへ1,000万円投資して、元本以外に1,473万円の運用益を得たということが明らかになった。

(*6) JR西日本 （なお詳しくは、85頁＊ア参照）

2005年4月25日に起こったJR西日本の福知山線塚口－尼崎間の列車脱線事故は、乗客と運転士合わせて107人が死亡するという未曾有の列車事故であった。この事故の原因については、超過速度の運転、過密ダイヤ等や運転業務を外す日勤教育という研修などの会社の体質自体も問題となった。事故調査委員会が発足したが、JR西日本はその委員にも接触して事前に情報を得ようと画策した。2009年9月25日、山崎正夫前社長が先輩である当時の事故調査委員の山口浩一元委員に対して、おみやげ持参で接待し、事故調査報告を有利にするために工作していたことが発覚した。さらに2009年9月26日、幹部のJR西日本東京本部の鈴木善也副本部長が、先輩である航空・鉄道事故調査委員会の鉄道部部長であった佐藤泰生元委員に対し接触を図ったが、これは土谷隆一郎副社長の指示で中間報告書の解説や会議の日程を教えてもらったということであり、会社ぐるみで事故調査委員会

との接触を図っていた事が判明した。

　神戸地検は、2009年7月8日、当時の安全担当であった山崎正夫前社長を業務上過失致死罪で在宅起訴したが、その理由は、当該区間にATS-Pを設置すれば事故が防げたという発言があり、そうだとすれば福知山線の線路付近の危険性を認識していた事を理由とする。神戸第一検察審査会は、JR西日本の歴代三社長につき、2010年3月26日に2度目の起訴相当と決議して、強制的に起訴することになったが、神戸地裁は、2012年1月11日山崎前市長は無罪、2013年9月27日歴代三社長はいずれも無罪という判決を下した。

(*7) オリンパス

　2011年4月に社長に就任したイギリス人マイケル・ウッドフォードは、企業買収の問題を調査して、不透明で高額な企業買収により株主が損害を受けているとして、菊川会長、森副社長の辞任を促したが、逆にその直後に取締役会で解任され、菊川会長が社長に就任した。このため、ウッドフォードは事の経緯を公表し、株価は急落した。そして菊川社長は辞任して第三者委員会が設置された。

　オリンパスは、バブル崩壊期に多額の損失を出したが、それを公表せずに損失隠しを行ってきたが、それを会計処理するために、2008年に実態とかけ離れた高額による企業買収を行い、それを投資失敗による特別損失として減損処理し、本当の損失原因を粉飾しようとした。

　2012年2月、東京地検特捜部と警視庁は、金融証券取引法（有価証券報告書虚偽記載罪）で、菊川前社長、森前副社長、前常勤監査役等を逮捕し、2013年7月、菊川前社長、森前副社長に懲役3年執行猶予5年の判決が下された。

(*8) 大王製紙

　創業者一族の会長井川意高が、子会社から総額で105億円を引き出して、マカオやシンガポールなどでカジノで浪費し、結局約50億円近い未返済の融資が残ってしまった。子会社各社は多額の融資にも関

わらず、取締役会の決議もないし、契約書もないというお粗末な状況であった。井川は、2011年9月16日に会長を辞任し、大王製紙は、井川元会長が子会社7社から計85億円を不正に借り入れたと刑事告発して、2011年11月22日、特別背任で逮捕、起訴された。一審東京地裁は、2012年10月10日に懲役4年、控訴審東京高裁も同じく懲役4年の実刑判決を下した。

(*9) 阪神阪急ホテルズ

　阪急阪神ホテルズは、2013年10月22日、運営する8ホテル、1事業部の23店舗47品目において、メニュー表示と異なった食材を使用した料理を提供していたと発表した。九条ネギは青ネギ、芝エビはバナメイエビ、信州蕎麦は中国産を含むブレンド麺などであった。社長は当初、「意図をもって誤った表示をしたことはない。偽装ではないと認識している。」と発言して偽装との見方を否定していたが、10月24日には、申し訳ありませんと述べて辞任した。森消費者大臣は、景品表示法違反の可能性があるとして、消費者庁が事情聴取したことを公表した。

(*10) NHK

　2014年1月25日、着任早々の籾井会長は記者会見の席で、記者たちの質問に対して、①特定秘密保護法の質問については、「まあ一応通っちゃったんで、言ってもしょうがないと思うんですけれども。まあ…、ちょっと…僕なりに個人的な意見はないこともないんですが、これはちょっと、あまりにも、あれなんで、ちょっと差し控えさせていただければと思いますが」とことわりつつ、「あまりカッカする必要はない」と、②竹島・尖閣列島問題について「日本の立場を国際放送で明確に発信していく、国際放送とはそういうもの。政府が右と言っているのに、我々が左というわけにはいかない。」と、③放送内容の質問については、「日本政府とかけ離れたものであってはならない。」と、④慰安婦の質問については、「今のモラルでは悪いんですよ。」と

013

しつつ、補償問題は日韓基本条約で解決済みと述べ、さらに、「戦争をしているどこの国にもあった」としてフランス・ドイツの名を挙げ、更に関連して「何故オランダに今まで飾り窓があるんですか。」と述べるに至った。そして、この慰安婦問題と日韓基本条約に関する発言の直後に、会長就任会見の場であることを記者から指摘され、「発言を取り消したい。」と述べた。さらに、籾井新会長は、2014年2月27日の衆議院総務委員会で一連の発言について質問され、「考えを取り消したわけではないが、申し上げたことは取り消した。」と持論は変えていない事を示した上で、「自分の思いを番組に反映させることはない」と述べた。

　NHKは国民からの受信料で経営している公的な放送局であり、国民に対して絶大な影響力を有しているのであり、政治的中立性を求められるにもかかわらず、その自覚に乏しい発言を繰り返し、NHKの信用を大きく傷つけた。

（*11）理　研

　小保方晴子は、2008年にハーバード大学医学大学院教授のチャールズ・バカンティの研究室に短期留学し、その後も客員研究員として2009年冬まで滞在し、胞子用細胞の研究に取り組んだ。2011年2月に論文「三胚葉由来組織に共通した万能性体幹細胞の探索」をまとめあげ、早稲田大学で工学博士の学位を取得した。2011年4月から2013年2月まで理化学研究所発生・再生科学総合研究所で客員研究員としてSTAP細胞の研究に取り組み、2013年3月1日に研究ユニットリーダーに就任し、同年12月に万能細胞の作製法と多能性の検証の論文が、笹井芳樹教授の指導の下、ネイチャーに受理された。2014年1月末にSTAP細胞の研究を発表し、時の人となるが、STAP論文、博士論文に様々な研究不正の疑惑が発覚した。そのため、同年2月17日には理化学研究所やネイチャーが本格的な調査を開始し、2014年7月2日にネイチャーの論文を撤回し、2014年8月5日に理化学研究所で、論文の作成の指導に当たった笹井芳樹教授が自殺して

しまった。なお、研究の信憑性を確認するために、2014 年 11 月末までに小保方氏は、STAP 細胞の検証実験をおこなうことになったが、12 月 19 日に理化学研究所は、小保方氏による検証実験で STAP 現象は確認できなかったと発表し、小保方氏は 12 月末に理研を退職した。その後、2015 年 2 月 10 日、理研は小保方氏は懲戒解雇相当であったとし、今後、刑事告訴や研究費返還請求も検討すると述べている。

・類似事件として、東京大学分子細胞生物学研究所事件がある。2014 年 8 月 1 日の 朝日新聞によると、加藤茂明元教授の研究グループの発表した 5 本の論文にねつ造や改ざんがあり、一連の研究に約 15 年間で 30 億円以上の公的研究費が投じられていたが、それを返還した。また、分子細胞生物化学研究所の研究グループが、2002 年から 2007 年にかけて女性ホルモンに関する論文 5 本につき、論文に関わった多くの教授らが、加藤氏らの指示の下で、実験ノートのねつ造、改ざんを行った。東京大学の調査委員会では、加藤氏が国際的に著明な学術誌への論文の掲載を過度に重視し、ストーリーに合った実験結果を求めたと指摘している。

　東京大学では、対策として、2014 年 3 月に、研究倫理アクションプランをまとめ、不正事例の公開とともに倫理教育や啓蒙活動を行わなければならないものとしている。

(*12) ノバルティスファーマ社

　ノバルティスファーマ社が日本で 2000 年から販売している高血圧の治療薬ディオバン（バルサンタン）の臨床研究に、ノバルティスファーマ社の社員が身分を秘匿して参加しており、さらにデータ解析にも関与した疑いがある。その研究はデータが操作され、ディオバンが他の薬よりも優れているかのように偽られた疑いが強い。2014 年 1 月、厚生労働省はノバルティスファーマ社とその社員白橋を薬事法違反（誇大広告）で刑事告発したが、それは不正の本質であるデータ改ざんの告発が難しかったための苦肉の策と言われているが、結局起

訴されなかったということである。研究は5大学（京都府立医大、慈恵医科大、滋賀医科大、千葉大、名古屋大）で行われていたが、4大学は、ディオバンが比較対象の他の薬よりも優れているという結論であった。

　その他、2014年7月31日、厚生労働省は、ノバルティスファーマ社に対し、白血病治療薬であるグリベックとタシグナにつき、副作用情報があることを知りながら、薬事法が定めた15ないし30日の間に報告をしなかったということで薬事法に基づく改善命令を出し、さらに2015年2月27日、厚生労働省は、ノバルティス社に対して15日間の業務停止命令を出した。

　なお、製薬会社の不適切な関与が相次いだ臨床研究の規制強化のために議論していた厚労省の検討会は、これまで、臨床研修を公正に実施し、研究内容を届け出るのが義務づけられているのは、新薬や医療機器の承認に向けた臨床試験だけであり、学術目的の臨床研究は法的規制はなかったが、報告書の素案では、未承認の医薬品、医療機器の効果を調べる臨床研究と広告に使われる臨床研究も規制の対象とし、さらに製薬会社が関わった臨床研究論文を広告に利用するときには金銭や労務の提供の状況を広告に明記するように求めるということである（日経新聞2014年11月6日記事）。

(*13) 兵庫県会議員問題

　兵庫県会議員野々村竜太郎氏は、2013年に計197回も出張と称して費用の請求をしたが、その出張につき、実態のない、議員としての活動らしき行動を行っていなかったことから、県議会は虚偽公文書作成、同行使罪で刑事告発した。さらに、詐欺罪も問題となり得る。野々村議員は2014年7月10日に議員を辞職した。

　2015年1月19日、兵庫県警は、政務費二百数十万円をだまし取った疑いが強まったとして、野々村元県会議員を詐欺と有印公文書作成・同行使容疑で書類送検した。

（*14）東京都議会問題

2014年6月21日、都議会でみんなの党所属の塩村文夏議員が、女性への支援策の質問をしたところ、男性議員から、「お前が結婚しろ、産めないのか。」という野次が飛んだ。誰がその野次を言ったかが問題となり、1名自民党の鈴木章浩議員が名乗り出たが、ほかにもいるはずであり、ほかも名乗りでないのかということで犯人捜しをする予定であったが、その発言の録音の状態が悪いということで議長の判断でそれ以上の調査は打ち切られた。

（*15）ベネッセコーポレーション社

2014年7月9日、進研ゼミなどの教育関連事業を行っているベネッセコーポレーション社の顧客情報（子供や保護者の氏名、住所、電話番号、性別、生年月日等）が約3,500万件漏洩したことが発覚した。その犯人は、ベネッセ社から情報管理の委託を受けた会社に派遣された派遣社員（システムエンジニア）であり、不正競争防止法違反（営業秘密の取得）で逮捕起訴された。その社員はスマートフォンを使用して違法に取得した個人情報を名簿業者に売却しており、その業者からジャストシステム等もその情報を取得していたが、ベネッセから出た個人情報とは知らなかったと述べている。

経済産業省は、2014年7月10日に、ベネッセ社に対して、「個人情報保護法に基づき、本件に係る事実関係等について7月17日までに詳細を書面に書いて報告するように」との指示を出した。

ベネッセ社は、当初、被害者に対しては賠償義務はないという無責の対応であったが、その後、方針を変更し、金券500円を用意すると発表し、同時に、漏洩した個人情報を利用している35社に対して、情報の削除を要求する等利用停止を働きかけている。

なお、ベネッセ社は、2014年12月2日、グループ40社で300人程度の希望退職者を募ると発表した。進研ゼミ、子どもチャレンジなどの主力の通信教育は、少子化に加えて情報の漏洩で新規の会員の募集を中止したこともあり、国内会員数が激減している。

また、500円では安すぎるとして、被害者らは続々と民事訴訟を提起している。

3. 通報の必要性とその保護の必要性

　不祥事、そのような企業の違法行為や怠慢行為は外部から見ただけではなかなか発覚しないものであり、さらには発覚しそうになると証拠の隠滅、隠蔽工作がなされることが多く、外部の者だけの力ではどうしようもない場合が多い。そのため、違法な行為を早期に発見し、被害を未然に食い止めるためには内部からの公益通報が非常に重要と言える。しかし、往々にして、その企業内の役員、社員は、その企業にとってダメージとなる不祥事を外部に通報するということは大変に勇気のいることである。しかし、それなくしては、もはや社会的な正義の実現はできないとすら言える状況であり、そのため、勇気を持って内部通報した労働者が不利益を受けないような法的保障がなくてはならないことになる。

　そのために、公益通報者保護法は、同法も第1条で、「…公益通報者の保護を図るとともに、国民の生命、身体、財産その他の利益の保護にかかわる法令の遵守を図り、もって国民生活の安定及び社会経済の健全な発展に資することを目的とする。」と定めている。

第2章

コンプライアンスと
企業の社会的な責任

1. コンプライアンスの重要性

2. 企業不祥事の分類と具体例

3. 企業の対策

1. コンプライアンスの重要性

（1）企業の倒産と新興企業

　バブル経済が崩壊し、企業は存続のための必死な努力をくり返し、既に20年以上が経過し、ようやくアベノミクスで成長戦略が立てられる状況になってきた。振り返ってみると、その間に著名企業が倒産して消滅したり（例えば山一證券（*16）、雪印食品（*17）、三洋証券（*18）、北海道拓殖銀行（*19））、大幅に経営を変えて存続したり（例えば、長銀（*20）、日本債券信用銀行（*21）、そごう（*22）、千代田生命（*23）、大和生命保険（*24）、武富士（*25）、日本航空（JAL、*26）、東京電力（*27））、カリスマ的な経営者が入れ替わったり（例えば西武鉄道（堤義明　*28）、ダイエー（中内功　*29）、そごう（水島広雄　*22））、多くの不祥事が起こって著名企業の社会的責任が問われ、他方で、インターネット業界（ソフトバンク（孫正義　*30）、ライブドア（堀江貴文　*31）楽天（三木谷浩史　*32）、ディーエヌエー（南場智子　*33）やユニクロ（柳井正　*34）等を中心とした新規の成長企業も現れてきた。

（*16）山一證券

　かつての4大証券の1つで、1997年に自主廃業して破産した。1989年に大和証券を初めとする損失補填問題が発覚し、さらに、1997年8月には総会屋への利益供与問題で取締役11名が退任し、9月には前社長三木氏が逮捕された。その時点で、メイン銀行にも伏せた簿外債務があり、富士銀行に再建計画を説明し支援を求めたが、富士銀行は250億円しか融資できず、逆に、過去に無担保で融資した分については担保を差し入れよという要求であり、11月19日に、証券局長の長野厖士は、野沢社長に対して、自主廃業してもらいたいと伝え、11月22日に、野沢は自主廃業することを公表した。

第2章　コンプライアンスと企業の社会的な責任

(*17) 雪印食品

　2001年10月ごろ、外国産牛肉の在庫を減らすため、BSE対策の買取り金を悪用し、外国産輸入牛肉に国内産のシールを貼り買い取らせたということで関係者が詐欺罪で起訴された。この不祥事で雪印食品は2002年4月に廃業し、会社解散し、2005年8月に清算結了した。

　なお、事件が発覚したのは、雪印食品の取引先であった西宮冷蔵が告発したからである。

(*18) 三洋証券

　1994年3月に大蔵省証券局主導で、再建9カ年計画が建てられたが、経営改善せずに、1997年11月3日に会社更生法の適用を申請した。しかし、承継先が見つからず、1998年に管財人が経営を断念すると発表し、8月31日の全従業員を解雇し、1999年12月28日破産宣告を受け、2009年3月25日に破産手続を終え、法人消滅した。

(*19) 北海道拓殖銀行

　北海道拓殖銀行は、地方銀行ではなく、札幌に本店を置いたが、東京、埼玉、千葉、神奈川、宮城、愛知、大阪、京都、兵庫にも支店を置き、地方銀行から都市銀行に変容した。他の銀行と同じようにバブル景気の時には不動産融資に注力したが、他の都市銀行よりも出遅れたために後順位の担保など融資の条件が不利な面も多かったが、1990年代に入ってバブルが崩壊し、不良債権は急増した。1994年末には、大蔵省より決算承認銀行としての指定を受け、その後も経営は改善せず、1997年3月には北海道銀行との合併の方針や北洋銀行との吸収合併の構想も出たが、いずれも実現しなかった。1997年11月15日取締役会で営業の終了を決定して、1997年11月17日に経営破綻して、一部を北洋銀行に営業譲渡することにした。しかし、これもうまくいかず、1998年6月に解散決議し、10月末に上場廃止、1999年3月31日に解散の登記をした。負債総額は2兆3,433億円ということであった。

021

(*20) 日本長期信用銀行

長銀は 1980 年代に、これまでの重厚長大産業からノンバンク、不動産、リゾートなどへの融資先を変化させ、イ・アイ・イ・インターナショナルを初めとしたリゾート開発への融資を重ね、バブル崩壊と共に多額の不良債権を抱えることとなった。1998 年 10 月、金融監督庁が金融再生法にのっとり 3,400 億円の債務超過と認定し、国による特別公的管理とされた。そして、内部調査委員会が発足して調査した結果、不良債権の受け皿とされる多くの関連会社を設立して担保物件を買い取らせ、また、無担保同然の融資を続けるという不良債権隠しの手口が明らかになった。さらに、長銀の粉飾決算も明らかになり、調査委員会は旧経営陣を刑事告発した。

2000 年 3 月、アメリカの企業再生ファンドのリップルウッド社や外国銀行によって構成される「ニュー LTCB パートナーズ」が長銀を買収し、名称を「新生銀行」に改めた。

その後、新生銀行として、2004 年 2 月に一部上場、リップルウッド社等は 2,300 億円を手にした。最終的な公的資金投入額は、4 ないし 5 兆円に達すると言われている。

(*21) 日本債券信用銀行

日本債券信用銀行の直系のノンバンクであったクラウン・リーシング、日本トータルファイナンス、日本信用ファイナンス、日債銀モーゲージは担保不動産の事業化を担う受け皿会社 19 社を設立し、融資先から担保不動産を購入していたが、その不動産の担保価値が下がったことで、大量の不良債権が発生した。その受け皿会社が、母行である日本債券信用銀行の経営損失を負い、母行の損失隠しを飛ばす (「とばす」) 役割を果たしていた。

ノンバンクに経営危機が訪れ、クラウン・リーシングら 3 社が 1997 年 4 月に自己破産し (負債総額約 1 兆 9,000 億円)、大蔵省は日債銀の支援を民間企業に求めたが実現しなかった。一度、中央信託銀行との合併の話もあったが、中央信託銀行はこれを拒絶して合併交渉は頓

挫した。1998 年 12 月 13 日、金融再生法により日債銀を一時国有化することになり、飛ばしの実態が明らかになった。この国有化により、金融再生委員会と預金保険機構は日債銀に 3 兆 2,428 億円の公的資金を投入した。2001 年 1 月に「あおぞら銀行」になった。日債銀の債務を引き継いだ整理回収機構は、旧経営陣の民事責任、刑事責任を追及した。

(*22) そごう－水島広雄

　水島広雄は、40 歳半ばまで日本興業銀行に勤務後、夫人の縁戚が経営するそごうの副社長として入社した。1962 年社長となり、67 年千葉進出、85 年横浜に進出した。横浜店は、当時、世界最大級の売り場面積を誇っていた。ところが、バブルの崩壊に伴い、経営が悪化し、そごうは倒産した。2000 年 7 月に、東京地裁に民事再生法の適用の申請がなされた。負債総額は 1 兆 8,700 億円であった。そごうは 2000 年 7 月 26 日に、前西武百貨店社長の和田繁明氏を特別顧問として迎え、西武百貨店との経営統合をし、新会社「十合（そごう）」を発足させた。2003 年 1 月 30 日に再生手続を終結し、同年 6 月 1 日に「十合」は「ミレニアムリテイリング」に商号変更し、そごうと西武百貨店は、その傘下の事業会社となった。さらに、ミレニアムリテイリングはセブン＆アイホールディングスに買収され、完全子会社となった。その後、水島個人も資産隠し（強制執行妨害罪）で逮捕され、有罪判決（懲役1 年 6 月、執行猶予 4 年）を受けた。

　水島は、元々学者としても有名で、「浮動担保の研究」で博士号を取得し、企業担保法に道筋を付けた。

(*23) 千代田生命保険

　1997 年には日産生命が、1999 年には東邦生命が、2000 年には第百生命がそれぞれ経営破綻していた。千代田生命は、東海銀行を中心とするさつき会の中核メンバーであり、戦前は五大生命の一つであった。2000 年 10 月 9 日に、東京地裁に更生特例法を申請した。負債総額 2

兆 9,336 億円の巨大倒産となった。2001 年 4 月に AIG スター生命として再出発した。

(*24) 大和生命保険相互会社

　大和生命保険は、2001 年 2 月 21 日に、ソフトバンクファイナンスと折半で、大正生命保険の受け皿となる「あざみ生命保険株式会社」を設立し、2001 年 7 月 1 日、あざみ生命保険株式会社に、営業譲渡、財産管理を委託し、2002 年 4 月 1 日にあざみ生命保険株式会社と合併し、消滅会社となった。ただし、同時に、あざみ生命保険株式会社は商号を、大和生命保険株式会社と商号変更した。

　しかし、経営は悪化し、大和生命保険株式会社は、2008 年 10 月 10 日、会社更生法、更生特例法に基づく更生手続開始を申し出、2009 年 4 月 30 日に、更生計画が認可されて、プルデンシャルファイナンシャルジャパン生命保険株式会社に商号変更し、ジブラルタル生命の子会社となった。現在は、商号変更し、プルデンシャルジブラルタファイナンシャル生命保険株式会社となっている。

(*25) 武富士

　1966 年 1 月に武井保雄によって創業され、消費者金融のトップまで上ったが、その経営方針を非難するジャーナリストも多く、2000 年 12 月にフリージャーナリスト三宅勝久と高尾昌司の関係先に対して興信所らが盗聴器を仕掛けて盗聴し、2003 年 12 月にジャーナリスト盗聴事件により電気通信事業法違反（盗聴）容疑で逮捕され、2004 年 11 月、東京地裁は懲役 3 年、執行猶予 4 年、法人としての武富士に罰金 100 万円の有罪判決を下した。

　2000 年代後半には過払い請求の増加によって資金繰りが悪化し、2010 年 9 月 28 日に東京地裁に会社更生法の適用を申請し、過払い額は約 2 兆 4,000 億円とされた。2011 年 10 月 31 日に、更生計画が認可になり、韓国の消費者金融である A&P ファイナンシャルがスポンサーになることになったが、A&P ファイナンシャルが資金繰りが付

かなくなり、Ｊトラスト株式会社とのスポンサー契約を締結し、Ｊトラストの子会社である株式会社日本保証に承継させることにし、現在は商号を変更して、TFK株式会社となっており、会社更生手続や弁済手続に専念することになっている。

(*26) 日本航空（JAL）

2009年10月29日に企業再生支援機構に再生支援の事前相談開始、2010年1月19日に東京地裁へ会社更生法の適用申請、即日、企業再生支援機構が支援を発表した。負債総額はJALグループ3社合計で約2兆3,221億円であり、戦後4番目の大型倒産である。2010年2月1日に、稲盛和夫が会長に就任した。2010年2月20日に上場廃止、8月31日に東京地裁に更生計画案提出、11月30日に更生計画案認可、12月1日、日本航空は日本航空インターナショナルに吸収合併されて解散し、100%減資により発行済株式を償却、12月31日に会社方針に反対する労働組合に加盟する160余名を整理解雇した（2011年1月19日に提訴されたが会社勝訴）、2011年4月1日に株式会社日本航空インターナショナルを日本航空株式会社へ商号変更した。

(*27) 東京電力

東京電力は、平成23年3月11日の東日本大震災により、福島第一原発が機能不全に陥ったばかりではなく、その排出された放射能及び汚染された排水により、地域住民等に多大な被害を与え続けている。そして、その被害に対しては東京電力は加害責任のあることを認めて賠償に応じる姿勢を取っているが、その福島第一原発事故の復旧及び賠償のために日本国政府による公的資金が投入されている。その仕組みは次の通りである。

2012年7月31日に、原子力損害賠償支援機構（現原子力損害賠償・廃炉等支援機構）が株式を取得し、議決権ベースで50.11%を有する筆頭株主となった。原子力損害賠償・廃炉等支援機構は特別の法律に基づく認可法人であり、理事は内閣が任命し運営委員会委員の任命に

025

は政府の認可が必要であり、また、同機構が東京電力に交付する資金
は、日本国政府が交付もしくは政府保証により機構が借り入れたもの
である。東京電力は、実質的に半国有化され、国の管理下にある。

(*28) 西武鉄道－堤義明

　堤康次郎の三男であり、早稲田大学第一商学部を卒業している。
1969年、康次郎の後を嗣いで、西武鉄道グループを引継、プリンス
ホテルを次々と開店させた。また、スキー場も日本一の保有数であっ
た。また、1978年にライオンズを買収して、西武ライオンズのオーナー
となり、16回の優勝、日本一10回の偉業を達成した。

　2004年、総会屋に利益供与をしていたことが発覚し、経営の総責任
者の地位を退いた。2004年10月、有価証券報告書の虚偽記載の責任
をとって、コクド、西武鉄道の全てのグループ会社の役員から身を引
いた。2005年3月、西武鉄道株式に関する証券取引法違反（有価証
券報告書の虚偽記載、インサイダー取引）で逮捕、起訴され、一審で
懲役2年6月、罰金500万円、執行猶予4年の実刑判決を受けた（有
価証券取引法違反関連事実については51頁①参照）

(*29) ダイエー —中内功

　中内功は、ダイエーの創業者で、価格破壊により良い品をどんどん
安く消費者に提供することを着想し、1972年には百貨店三越の売上
額を抜き、小売業売上高トップになったり、1980年に初めて売上高1
兆円を達成した。さらに多くの別事業を立ち上げ、買収し、南海ホー
クスも買収してダイエーホークスとしたが、1990年代に入ってバブ
ルが崩壊し地価の下落も始まり、地価の上昇を前提として店舗展開し
ていたダイエーの経営は傾き、業績も低迷した。1999年1月20日に
社長を退任し、2001年1月30日にダイエーの取締役を退任した。

　中内氏が社長を退任した1999年1月時点で、グループ全体の有利
子負債は約2兆6,000億円にふくらんでいた。高木社長体制になり、
2002年3月、ダイエーは経済産業省に産業活力再生特別措置法の適

用を申請し認可されたが、その後も売上げが低迷し、2004年8月以降、ダイエーは頑なに産業再生機構の支援を拒否し続けたが、主力3行（UFJ、三井住友、みずほコーポレート）が産業再生機構を活用しない限り金融支援を打ち切ると通告した等のため、2004年10月に産業再生機構の支援を要請し、高木社長は辞任した。

(*30) 孫正義

ソフトバンクグループの創業者で、久留米付属高校を中退、アメリカバークレー大学の経済学部卒業。1981年ソフトバンクを設立し、さらに1994年ヤフー株式会社を設立した。2006年ダイエーホークス・福岡ドーム等を買収した。

(*31) 堀江貴文

元ライブドアの代表取締役社長CEOである。1996年4月有限会社オン・ザ・エッジを設立し、ホームページ制作・管理を行い、2002年日本ライブドア社から営業権の譲渡を受ける。2004年、大阪近鉄バッファローズの買収を申し出た。2005年2月、ライブドア社はニッポン放送の株式の35%を獲得して最大株主となり、その後、フジテレビとニッポン放送の支配をめぐっての紛争となる（*①）。

2006年1月16日、証券取引法違反容疑（偽計・風説の流布）で、東京地検特捜部による家宅捜査が行われ、1月23日に逮捕された（*②）。2006年3月13日、証券取引等監視委員会は連結決算の粉飾で、堀江らとライブドアを東京地検特捜部へ告発した。東京証券取引所はライブドア株式・ライブドアマーケティングの株式を上場廃止した。2007年3月22日、一審判決（東京地裁）は、堀江に懲役2年6月の実刑判決、3月23日にライブドア社に罰金2億8000万円を、それぞれ言い渡した。東京高裁も2年6か月を指示し2011年4月26日、上告棄却で刑が確定して服役した。

（*①）

2005年2月にライブドアはニッポン放送の株式の35%を取得し、

フジテレビジョンは 2005 年 1 月 17 日から公開買付（TOB）を発表していたが意外に苦戦し、目標を 50% から 25% に下げた。ニッポン放送は何としてもフジテレビジョンの傘下にいたいという方針で、2005 年 2 月 23 日、なりふりかまわずフジテレビジョンを引受先とする増資計画を発表した。即ち、新株 4,720 万株を発行し、全てをフジテレビジョンに引き受けさせるというものであった。それを受けたライブドアは既にニッポン放送株式の 41% を取得したにもかかわらず、その増資が実行されると約 17% の持ち分に落ち込んでしまうということで、新株発行の発行差止めの仮処分申立を行い、2005 年 3 月 11 日に、東京地裁はその差し止めの決定を出した。さらに、ニッポン放送は高裁に保全抗告をしたが、東京高裁も、2005 年 3 月 23 日、敵対的買収のルールを明確にした上で、抗告を却下し、新株発行の差止めを認めた。このように法廷闘争ではライブドアが勝利し、2005 年 3 月 29 日、亀淵社長と堀江の会談が行われた。2005 年 4 月 18 日にライブドアとフジテレビジョンは、ニッポン放送の争奪戦での和解が成立した。その内容は、①ライブドアが保有するニッポン放送の株式すべてをフジテレビジョンが買い取り、ニッポン放送を完全子会社とする、②フジテレビがライブドアに資本参加する、というものである。
(*②)

　有価証券取引法違反とするその内容は、ライブドアの 2004 年 9 月期の連結決算では、堀江らは、売上げへの計上が認められず資本に組み入れなければならない自社株の売却益約 37 億 6,700 万円を、売上げに計上した。また、子会社にする予定であった 2 会社（キューズネットとロイヤル信販）の預金約 15 億 8,000 万円をライブドア本体の売上げに付け替えた。その結果、ライブドアの決算では約 3 億円の赤字であったにもかかわらず、約 50 億 3,400 万円の黒字であったと虚偽の記載をした有価証券報告書を提出したというものである。

(*32) 三木谷浩史

　楽天株式会社の創業者で、兵庫県明石高校卒、一橋大学商学部卒、日本興行銀行に入社した。1995年に楽天を創設し、興銀を退社した。2004年大阪近鉄バッファローズ球団を買収した。

(*33) ディーエヌエー ―南場智子

　新潟高校、津田塾大学英文学部卒、マッキンゼー・アンド・カンパニー・イン・ジャパン入社、ハーバードでMBA取得、マッキンゼーでパートナー、1999年株式会社ディー・エヌ・エーを設立し、代表取締役に就任し、2011年退任して取締役となった。

　ディーエヌエーはモバオク等のインターネットオークションサービスが主たる業務であり、2011年横浜ベイスターズの球団株式譲渡を受けオーナーになった。本社は渋谷のヒカリエにあり、2013年漫画雑誌アプリ「マンガボックス」を創刊した。

(*34) 柳井正

　カジュアル衣料のユニクロを経営するファーストリテイリングの会長兼社長となる。早稲田大学政経学部卒業。父が宇部市で経営していた小郡商事に入社し、日常的なカジュアル衣料の販売店の全国展開を目指し、成功した。

(2) 倒産会社リスト

　バブル崩壊後の主要な倒産会社を倒産年次別に区分すると、次のとおりである（なお、主に、「企業倒産」（熊谷勝行著、平凡社新書）による）。なお、このリストは原則として2,000億円以上の負債を負った企業と社会的に話題性のあった企業をリスト化したものであり、すべての倒産企業を対象としたものではない。

年次	月	企 業	倒 産 額	倒産の処理方法
90年	4月	大蔵省、不動産関連融資の総量規制導入		
	11月	共和 　阿部文男北海道開発庁官関連	1,900億円	破産
		協和と埼玉銀行の合併で協和埼玉銀行 （後にあさひ銀行）		
91年	1月	ナナトミ 　蛇の目ミシンや国際航業の株を担保 　に光進に資金援助	2,996億円	和議
	3月	太平産業	2,000億円	
	4月	静銀リース	2,562億円	会社更生法
		ジーシーエス	2,600億円	商法上の会社整理
		料亭恵川（尾上縫） 　東洋信金と結託し、信金名義の架空 　預金証書を偽造し、ノンバンクや銀 　行に差し入れて融資を受ける。東洋 　信金は解体	4,100億円	破産
		マルコー	2,858億円	会社更生法
92年	3月	光進 　国際航業、蛇の目ミシン、飛島建設、 　藤田観光などの仕手戦	1,302億円	破産
		ケーエスジー 　光進の関連企業	1,424億円	破産
		ジェーシーエル 　蛇の目ミシンの関連企業	1,290億円	特別清算
	10月	吉本興産	2,000億円	
93年	11月	村本建設	5,900億円	会社更生法
		イージーキャピタルアンドコンサルタンツ 　拓銀系ノンバンク	2,000億円	和議
94年	10月	日本モーゲージ	5,185億円	特別清算
95年	2月	東京協和・安全信用組合が東京共同銀 行への事業譲渡		
	3月、 4月	大阪総合信用等大阪銀行の系列3社	3社合計で 7,316億円	商法の会社整理
		福徳銀行の系列ノンバンク6社 （島之内土地建物等）	6社合計で 6,447億円	商法の会社整理

第 2 章　コンプライアンスと企業の社会的な責任

	7月	コスモ信用組合		業務停止命令
	8月	木津信用組合	1兆0,044億円	業務停止命令 整理回収機構 に営業譲渡
	9月	大和銀行ニューヨーク支店簿外取引に よる1,100億円の損失		
	10月	東京抵当信用	3,000億円	会社整理
	11月	兵銀ファクター	3,692億円	特別清算
	12月	住宅金融専門会社（住専）7社に 6,850億円の公的資金支出決定		
96年	2月	エクイオン	2,900億円	会社整理
		新京都信販	3,488億円	自己破産
	3月	太平洋銀行　わかしお銀行が承継。 預金保健機構より1,170億円の金銭贈 与		清算
	6月	住専処理法成立		
	7月	住宅金融債権管理機構発足		
	10月	日榮ファイナンス	1兆円	商法による 会社整理
	11月	末野興産	7,160億円	破産
		ワールドエステート 　末野興産の関連会社	2,276億円	破産
		阪和銀行		業務停止
97年	4月	日本債券信用銀行の子会社		
		クラウンリーシング	1兆1,874億円	破産
		日本トータルファイナンス円	6,180億円	破産
		日本信用ファイナンスサービス	3,784億円	破産
		日産生命	約2兆1,000億 円	保険業法に よる処理
	7月	東海興業	5,110億円	会社更生法
		多田建設	1,714億円	会社更生法
	8月	大都工業	1,592億円	会社更生法
	9月	ヤオハン・ジャパン	1,614億円	会社更生法
	11月	三洋証券	3,736億円	会社更生法
		三洋総合キャピタル 　（三洋証券系列ノンバンク）	2,229億円	破産

		北海道拓殖銀行	2兆2,433億円	営業譲渡 解散
		山一證券	約3兆5,085億円	破産・自主廃業
		たくぎん抵当証券	5,391億円	破産
	12月	山一土地建物	3,350億円	破産
		東食	約6,397億円	会社更生法
		東食ファイナンス	2,522億円	?
		日東興業	2,762億円	和議
98年	2月	金融機関安定化緊急措置法成立		
	3月	たくぎん保証	6,100億円	破産
		山手コーポレーション	2,300億円	特別清算
		山一ファイナンス	1,712億円	自己破産
		大手21銀行に1兆8,156億円の公的資金注入決定		
	6月	第一コーポレーション	4,135億円	特別清算
	7月	大倉商事	2,528億円	自己破産
	8月	三田工業	2,056億円	会社更生法
	9月	日本リース　　2兆1,803億円 …長銀系ノンバンク	2兆1,803億円	会社更生法
	10月	日本長期信用銀行	約3兆6,000億円	金融再生法による特別公的管理（一時国有化）
		金融再生関連法成立		
	12月	日本債券信用銀行	約3兆2,000億円	公的管理（一時国有化）
		金融再生委員会発足		
		12月　日本国土開発　　4067億円	4,067億円	会社更生法
99年	3月	大手15銀行に7兆4592億円の公的資金注入決定		
		アサヒ都市開発	3,226億円	破産
		アポロリース	4,900億円	特別清算
		エヌーイーディー	5,100億円	特別清算
	5月	日本ランディック	4,708億円	特別清算
	6月	東邦生命（AIGエジソン生命）	約2,000億円	金融庁による業務停止命令

第２章　コンプライアンスと企業の社会的な責任

	8月	日本興行銀行、第一勧銀、富士銀行が事業統合に合意		
	10月	住友とさくらが合併発表		
2000年	2月	長崎屋	3,039億円	民事再生法
	3月	三和、東海、あさひが事業統合で合意（あさひはその後離脱し、UFJとなる。）		
	5月	ライフ	9,663億円	会社更生法
		第百生命（マニュライフ生命）		更生特例法
	6月	日本ビルプロジェクト	5,648億円	民事再生法
		イ・アイ・イ・インターナショナル	4764億円	破産
	7月	そごう	6,891億円	民事再生法
		西洋環境開発	5,175億円	特別清算
	8月	飛栄産業	4,500億円	特別清算
		大正生命（大和生命）　約2,044億円	約2,044億円	金融庁による一部業務停止命令
	10月	千代田生命（AIGスター生命）	2兆9,366億円	更生特例法
		協栄生命（ジブラルタル生命）	4兆5,297億円	更生特例法
	11月	インターリース	5,600億円	特別清算
01年	3月	東京生命（T&Dファンシャル生命）	9,802億円	更生特例法
	5月	エスコリース	3,300億円	破産
	9月	大和銀行とあさひ銀行が経営統合に合意（りそな銀行へ）		
		マイカル	1兆5,482億円	民事再生法
	11月	パシフィックモーゲージ	3,339億円	破産
		大成火災海上保険	4,131億円	更生特例法
	12月	青木建設	3,900億円	会社更生法
02年	3月	佐藤工業	4,499億円	会社更生法
	8月	地産	3,207億円	会社更生
	10月	エスティティ開発	4,922億円	民事再生法
03年	2月	エスティティコーポレーション	3,131億円	民事再生法
	3月	日本ゴルフ振興	3,322億円	民事再生法
		ジャパン石油	3,077億円	民事再生法
	5月	りそな銀行の国有化総額1兆9,660億円の資本注入		預金保健機構による株式取得
	9月	朝日住建	約3,600億円	破産

033

	10月	森本組	2,153億円 (*35)	民事再生
04年	8月	東京三菱とUFJが統合発表 (三菱東京UFJ)		
05年	11月	エー・シー・リアルエステート (旧フジタ)	3,526億円	民事再生法
07年	6月	麻布建物	5,648億円	会社更生法
08年	1月	東千葉カントリークラブ	508億円	民事再生法
	2月	六本木開発	1,340億円	破産
	4月	ケイエール不動産	1,677億円	特別清算
		ニイウス（システム構築）	732億円	民事再生法
	5月	スカイエステート	198億円	特別清算
	6月	スルガコーポレーション	620億円	民事再生法
		愛松建設	150億円	民事再生法
	7月	ゼファー	949億円	民事再生法
		ハウジング大興	138億円	民事再生法
		マツヤハウジング	279億円	民事再生法
	8月	アーバンコーポレーション	2,558億円	民事再生法
		セボン	621億円	民事再生法
	9月	HUMAN21	464億円	
		協同興産	753億円	
		リーマンブラザーズ證券	約3兆4,314億円	民事再生法
		リーマンブラザーズ・ホールディングス	5,159億円	
		リーマンブラザーズ・コマーシャル・モーゲージ	3,844億円	
		サンライズファイナンス	3,639億円	
	10月	大和生命	2,695億円	会社更生法
		新井組	約450億円	民事再生法
		ダイナモシティ	520億円	
	11月	モリモト	1,615億円	
		ノエル	414億円	
		オリエンタル白石	605億円	
		ニューシティ・レジステンス投資法人	1,123億円	

第2章 コンプライアンスと企業の社会的な責任

	12月	ダイア建設	300億円	民事再生法（産業再生法支援第1号）
09年	1月	クリード	650億円	会社更生法
	2月	SFCG	3,380億円	民事再生法→破産
	4月	改正産業活力再生特別措置法施行 産業革新機構、企業再生支援機構発足		
	11月	穴吹工務店	1,509億円	会社更生法
	12月	中小企業金融円滑化法施行		
		日本綜合地所	2,142億円	民事再生法
		アイフル	約2,800億円	産業再生ADR
10年	1月	日本航空	6,715億円	会社更生法（企業再生支援機構傘下）
		日本航空インターナショナル	1兆5,279億円	会社更生法（企業再生支援機構傘下）
	2月	ウィルコム	2,060億円	会社更生法（企業再生支援機構の支援）
	5月	プロパスト	約554億円	民事再生法
	9月	武富士	約4,336億円	会社更生法
		日本振興銀行	約6,194億円	民事再生法
	10月	茨城県住宅供給公社	532億円	破産
11年	2月	林原グループ	約1,300億円	会社更生法
	8月	安愚楽牧場	約4,331億円	民事再生法
	10月	中小企業倒産防止共催法施行		
12年	2月	エルピーダメモリ	約4,480億円	会社更生法
	7月	クラヴィス	3,268億円	会社更生法
13年	3月	中小企業金融円滑化法の廃止 産業再生支援機構から、地域経済活性化支援機構へ		
	4月	カブトデコム	5,061億円	特別清算

（*35）森本組事件

　なお、負債金額はそれほどでもないが、倒産した会社で特筆すべき

035

ものに森本組事件がある。森本組は2003年10月に倒産し、民事再生法の適用の申請をしていたが、2001年3月期から3年間、有価証券報告書を粉飾したことが発覚し、大阪地検特捜部は2004年6月、元社長森本善英ら4名を証券取引法違反と建設業法違反で起訴した。1999年3月期からの2年分を含めると、過去5年分の粉飾額は約970億円に上った。

　また、森本組は、倒産直前の2003年7月8日、8月4日の2回にわたって、SMBCファイナンスサービスへ国からの計24件の公共工事を受注したように装った書類を提出し、工事代金が将来払い込まれるように思いこませ、約113億9,000万円をだまし取ったとして、森本善英らが詐欺容疑で逮捕された。

（3）利潤至上主義からコンプライアンスの遵守へ

　このような中で、企業の法令遵守（コンプライアンス）の重要性が提唱されるようになった。どうしても、これまで企業は利潤第一主義で活動してきたし、今後も利潤を上げるなということはできない。私企業である以上利益を上げ、社員に十分な報酬を支払い、また、株主への配当もしなくてはならない。しかしながら、これまで、あまりにも利潤追求に傾きすぎた結果、適法な経営、適正な経営の理念が軽視されてきたように思われる。コンプライアンス（法令遵守）は当然のこと、株主に利益を還元し、さらには有益で社会的な活動まで求められる時代になっている。

　但し、コンプライアンス（法令遵守）とは言っても、現在、企業が存在していくに当たって関係する法律は半端な数ではない。民法、刑法、会社法、商法などの基本法は勿論（これらの法律も多くは改訂、改訂中であり、時代とともにどんどん変わっている。）、①金融証券取引法（旧証券取引法）、②各種税法、③各種環境法、④特許法・商標法・著作権法などの知的財産法、⑤各種労働法、⑥消費者契約法、訪問販売法などの消費者保護法、⑦独占禁止法、⑧不正競争防止法、⑨各種の業界規制法その他があり、特に、民法の債権法部分の大改正が予定されており、

036

それらの内容の変更も膨大、かつ、その内容も複雑多様化しており、単純なものではなく、これらの改正法、新法を理解するのは大変なことである。

したがって、コンプライアンス（法令遵守）という抽象的な経営方針については異論なくとも、かなりの程度の規模の大きな企業でなければ、全ての分野について十分な勉強をして完璧な対応策をとっておくというのは容易なことではない。その意味では、勉強不足のために、知らないうちに違法な行為をしてしまったということも稀ではないと思われる。

（4）隠蔽工作は最悪の手法

ただ、誰にも、また、どの会社にも過ちはある。しかし、重要なのはその後である。違法なことをやってしまった場合は、速やかにそれを是正する事が必要であることは勿論であるが、それを隠そうとするのは最もいけないことなのである。

コンプライアンス経営というとむしろこちらの方が重要であり、事前に万全の対策をするのは当たり前であるが、要は、誤って違反をした場合にそれをもみ消そうという隠蔽工作をすることが、まさにコンプライアンスの姿勢とはほど遠いと言える。そして、社会的に非難を浴びてきた企業の不祥事の中には、隠蔽工作が発覚したものも多く、その発端は、おそらくは多くの場合、労働者からの内部通報からであろうと思われる。

2. 企業不祥事の分類と具体例

ここで、企業の不祥事について、体系的ではなく、思いつくままに、挙げてみる。なお、既にマスコミに大々的に報道されているため、実名を使うことにする。なお、日本での不祥事と言えば、時期的にも規模の点でも、大和銀行事件（1995年7月）と住友商事事件（1996年6月）が思い浮かぶ方も多いであろう。

大和銀行事件は、ニューヨーク支店の現地嘱託行員が変動金利債の損

失 5 万ドルを隠蔽するために、米国債の簿外取引を行い、結局 11 億ドル（約 1,100 億円）の巨額損失が発生した。ところが、その人物は支店の取引をチェックする権限を有していたためにその管理体制の不備からその損失が長期間発覚しなかった。1995 年 7 月にようやく銀行上層部に発覚し、大蔵省に報告したがアメリカの金融当局には報告せずに隠蔽をした。しかし FRB（連邦準備制度理事会）の知るところとなり、大和銀行は 340 億円もの罰金を払い、アメリカからの撤退を余儀なくされてしまった。これは株主代表訴訟の対象となり、大阪地裁は取締役の内部統制構築義務を怠ったとして 11 名の取締役に 7.5 億ドル（829 億円）の損害賠償判決を下した（大阪地裁平成 12 年 9 月 20 日判決）。その後大阪高裁で役員等が 2.5 億円を会社に支払うことで和解が成立した。

　住友商事事件は、1985 年夏にフィリピン銅の買付けで 10 億円の損失を出して、これを隠蔽するためにロンドン金属取引所で銅の先物取引を行ったが 1987 年頃には 65 億円もの損失となった。更にそれをカバーするために銅取引の知名度のある非鉄金属部長が取引引きをして 682 億円もの損害を被っている。1996 年 6 月、住友商事社長は、ロンドン支店における不正簿外取引が発覚し、元非鉄金属部長の職務を解任し懲戒解雇したが、その当時の損失は 2,850 億円にも達していた。東京地検特捜部は、その元非鉄金属部長を有印私文書偽造・同行使で逮捕し、起訴し、1998 年 3 月 26 日、その元非鉄金属部長は懲役 8 年の有罪判決を受けた。株主代表訴訟では、2001 年 3 月に、元役員等が 4 億 3,000 万円を支払うことで和解した。

（1）企業会計の不祥事

　アメリカのエンロン事件（*36）やワールドコム倒産事件（*37）が余りにも有名である。多くの社外取締役がおり、また、著名な会計監査人が入っていたにもかかわらず、それらの組織が会計の監査として有効に機能しなかった。この会計監査人は監査業務の他にコンサルティング業務を行い、余りに多くの報酬を受け取っており、違反行為の指摘ができない状況になっていたということである（久保利英明著「違法な経営は

おやめなさい。」（東洋経済社）参照）。監査法人アーサー・アンダーセンは解散した。

　日本でも、粉飾決算に見て見ぬふりをしてきたとして中央青山会計監査人の公認会計士4名が証券取引法違反で逮捕されたカネボウ事件（*38）や、足利銀行の倒産（*39）についても同じ中央青山監査法人（*40）の会計監査が甘すぎたということが指摘され、経営再建中の足利銀行は中央青山監査法人に対し民事の損害賠償の訴えを提起した（なお、足利銀行事件では倒産に至る前段で地元企業が増資に応じたが、実際は経営状況は検査報告よりもはるかに悪い状態であった。監査法人の会計監査は甘すぎたために、銀行が立ち直れるものと信じて地元企業は無駄な投資をしてしまったということである）。なお、中央青山監査法人は、カネボウ、足利銀行のほか、山一證券、ヤオハンジャパン（*41）に関わっていたが、解散に追い込まれた。

（*36）エンロン事件

　総合エネルギーの取引とITビジネスを行う企業で、2000年度の売上高は110億ドル（全米第7位）、社員数21,000名という巨大企業であった。1985年に合併してエンロン社となるが、CEOはケネス・レイであった。ガス取引にデリバティブを取り入れ、規模を拡大し、エネルギー業界に限らないキャッシュ・フロー経営の最先端企業となった。しかし。1990年代に時価会計を利用した見せかけ上の利益を水増しし、インサイダー取引を行い、循環取引も行い、さらに、損失取引を、連結決算対象外の子会社に付け替えて簿外損失とすることも積極的に行った。会計は、著名な会計事務所であったアーサー・アンダーセンが担当していたため信用は高かったが、その会計事務所も粉飾決算にも加担していた。

　2001年10月17日に、ウォールストリート・ジャーナルがエンロンの不正経理疑惑を報じ、その日から株価が急落し、証券取引委員会（SEC）も調査を始めた。株価が下がり、数々の不正経理が明るみに出ると、買収交渉も決裂し、同年12月2日にエンロンは連邦倒産法

第11章の適用を申請して倒産した。

2006年5月25日に、ケネス・レイ元会長が証券取引法外19件の罪でそれぞれ有罪とされた。

(*37) ワールドコム倒産事件

大手電気通信事業者であったCEOであるバーニー・エバースはワールドコム株の上昇で巨万の富を得ていたが、1998年のMCI（電気通信事業者）を買収した頃からITバブル崩壊により次第に経営が悪化していた。2000年11月に、MCIとワールドコム社の2分割にするなどの組織再編も功を奏さず、株価の下げはとまらず、1999年から2002年5月頃にかけて、ワールドコム社は、自社株の価格を支えるために、自社の成長性と収益性を良く見せかけて財務状況を隠蔽する粉飾会計を行っていた。ワールドコム社の内部監査部門は、2002年6月におよそ38億ドルの粉飾を発見し、監査法人KPMGに注意を促したが、その後まもなく、アメリカ合衆国の証券取引委員会（SEC）が調査に乗り出し、2002年7月21日には、ニューヨーク連邦破産裁判所に、連邦倒産法11章適用を申請し、負債総額約4兆7,000億円であることが判明し、エンロンを大きく超える倒産事件となった。

(*38) カネボウ事件

カネボウは、1887年、鐘ケ淵に作られた東京綿商社に遡り、鐘淵紡績と名前を変え、日本の中核たる企業となり、1936年には民間企業最大の売上を上げた名門企業であった。1960年代後半から繊維産業から多角化をはじめ化粧品分野が中心となった。

カネボウは、経営が悪化し、産業再生機構への支援を要請したが、これに対しては、比較的好調な化粧品部門を繊維部門から切り離して、新化粧品会社に営業譲渡し、平成2004年2月には産業再生機構がその株式の86%を握るという方針が浮上したが、結局、平成2004年3月、産業再生機構（高木新二郎委員長）はカネボウに全面支援することとし、大幅リストラが必要となった。そして、帆足社長を引き継い

だ中嶋新社長は、旧経営陣の経営不振の原因を究明するために「経営浄化調査委員会」を発足させたが、その結果、旧経営陣が興洋染織に約522億円の赤字補填をしていたこと、2004年3月期までの5年間で2,156億円の粉飾決算を続けていたことが明らかになり、旧経営陣への刑事告発と損害賠償請求をすることを方針とした。その後、上場廃止、旧経営陣の逮捕、産業再生機構の管理下におかれ、公認会計士とともに、帆足元社長ら経営陣は証券取引法違反（有価証券報告書虚偽記載）で逮捕起訴され、2006年3月、帆足元社長、宮原元副社長らに執行猶予付の有罪判決が下された。

(*39) 足利銀行

　足利銀行は、バブル経済期に地場でのリゾート開発や東京での法人融資を拡大し、不良債権が増加しており経営が危ないといわれ、地元自治体や企業は2度の増資に応じて計727億円を出資した。2003年3月期決算時点では中央青山監査法人が監査法人であり、適正との判断であった。ところが、2003年9月に足利銀行には金融庁が検査に入り、債務超過1,023億円という査定となり、金融危機を招くおそれがあるとして、2003年12月に預金保険機構が全株式を強制取得して、一時国有化した。そのため、株券は価値を失い、2度の増資で地元自治体・企業から集めた727億円は泡と化した。

　その後、2008年7月に、預金保険機構が、足利ホールディングスに株式を売却して一時国有化が解消された。

　足利銀行は粉飾決算に関与したとしてみすず監査法人（旧中央青山監査法人）と監査役4名に対して11億円の損害賠償請求を行ったが、2007年7月2日、宇都宮地裁で、みすず監査法人和解金2億5,000万円、監査役4名は合計で和解金1,200万円を支払うことで和解が成立した。

(*40) 中央青山監査法人

　2004年、カネボウの5年間にわたる総額2,156億円にのぼる粉飾決算が判明し、1975年からの長期にわたって中央青山監査法人が財務

041

状況を監査し、むしろ公認会計士が粉飾決算を指導していたとも言われる。

　また、財政破綻した足利銀行にも監査を担当し、2005年1月には金融庁からの戒告処分を受けていた。同年9月には粉飾決算に加担し違法配当をまねいたとして、足利銀行は内部調査委員会の意見により、中央青山監査法人は11億円の損害賠償請求訴訟を起こされている。更に遡れば、中央青山監査法人は山一證券の監査も手がけてきた。

　そして、2005年9月、東京地検特捜部は、中央青山の公認会計士3名を、カネボウの粉飾決算を知りながら発覚を防ぐための助言をしてきたとして、証券取引法違反（有価証券報告書の虚偽記載罪）で逮捕し、10月に起訴した。2006年8月9日、3名に執行猶予付の有罪の判決が下された。

　2005年10月25日、金融庁の監査審査会は、中央青山、あずさ、トーマツ、新日本の4大監査法人に立ち入り調査を開始したと発表した。

　2006年5月10日、金融庁は、中央青山監査法人に上場企業に対する法定監査業務を7月から2か月停止するように命じ、2,300社に影響が出た。5月30日には奥山章雄公認会計士協会の理事長が辞任した。2007年6月には、中央青山監査法人が提携していたアメリカの会計事務所プライスウォーターハウスクーパーズ（PWC）が、新設した「あらた監査法人」が創設され中央青山監査法人の公認会計士を取りこもうとした。

　2006年9月1日、中央青山監査法人は「みすず監査法人」と名称を変更したが、2006年12月に、同年3月まで監査を担当していた日興コーディアルグループの不正経理が発覚し、2007年2月20日、片山理事長は、みすず監査法人は監査業務から撤退し、他の大手3法人への監査業務の移管、公認会計士の移籍をする方針であることを発表し、中央青山監査法人は2007年7月末で解体された。

(*41) ヤオハン
　静岡県熱海の八百屋として創業し、世界15カ国で店舗を運営する

小売・流通チェーンに発展したが、その急激な拡大を行った社長和田
一夫は新興宗教「生長の家」の熱心な信者だった。1996 年に経営が
悪化して、1997 年、1,613 億円の負債で倒産し、会社更生法の適用の
申請を行い、ジャスコ（現在イオン）が支援を表明し、ジャスコが
全額支援することにした。2000 年 6 月に粉飾決算が発覚したために、
大蔵省（当時）が公認会計士 2 名を業務停止 3 か月、中央青山監査法
人を戒告処分にした。

　2002 年 2 月に会社更生手続を終了し、「マックスバリュ東海株式会
社」と商号を替えて営業している。

(2) その他会計不祥事

　会計不祥事を防ぐには、会計監査人とそれを委任する企業の慣れ合い
癒着を断たなければならないのが、最も重大な課題である。一連の会
計監査法人も関与した粉飾決算で、2003 年に公認会計士法が改正され、
企業との慣れ合いを防ぐために 7 年で交替することにし、さらに、監査
業務とコンサルタントなどを同時に請け負うことが禁止され、2004 年 4
月に施行された。

　その後、大手監査法人（新日本、あずさ、トーマツ、中央青山ら）は
企業の監査責任者を 5 年で交代させるという自主規制を導入した。

　2007 年 6 月に改正公認会計士法が成立し 2008 年 4 月 1 日に施行され
たが、企業と監査法人の癒着を防ぎ独立性を高めるため上場企業を担当
する大手監査法人の主任会計士は 5 年で交代させる。不正会計を企業が
改めない場合には金融庁に通報を義務づける。会計士の再就職を禁じる
範囲を監査先企業ばかりでなく、関連企業にも広げる。等の改正が為さ
れた。

　以下は、不正会計として指摘された企業名とその発覚時期であるが、
主として、公認会計士協会の平成 22 年 4 月 13 日付「上場会社の不正調
査に関する公表事例の分析」(経営研究調査会研究報告第 40 号) と「第
三者委員会 - 設置と運用」(弁護士本村健ほか、金融財政事情研究)による。

043

・三田工業粉飾決算事件―1998 年発覚

1998 年、会社更生法の申請を行い、倒産した。三田工業は同族会社ではあったが大会社に該当し、会計監査人の会計監査を受ける必要があったが、会社が粉飾決算をしていたにもかかわらず、公認会計士は、社長の幼なじみ、その粉飾決算、違法配当に加担していたということで逮捕起訴され、当時の商法特例法違反（収賄）の罪に問われ、懲役 2 年執行猶予 4 年の有罪判決を受けた。

・フットワークエクスプレス・粉飾決算事件　2001 年発覚

2002 年 5 月、大阪地検が監査を担当していた公認会計士 2 名を証券取引法違反（虚偽有価証券報告書提出）の容疑で逮捕した。その所属していた瑞穂監査法人は 1 年間の業務停止を命じられ、解散に追い込まれた。

・ネクストウェア株式会社―2006 年 6 月発覚

・イソライト工業株式会社―2006 年 11 月発覚

2006 年 11 月 6 日、連結子会社のイソライト建材で過去 4 年間に不適切な会計処理を行っていたと発表した。イソライト建材では、製造原価の一部を卸在庫に移し替えることで売上原価を引き下げる操作を行っており、棚卸し資産の過大計上額は 4 億 5,500 万円にのぼり、さらに、販売先からのクレームによる値引き額 7,000 万円を計上していなかったと述べている。

・日興コーディアルグループ―2006 年 12 月発覚

日興コーディアルグループは、東証一部上場のコールセンター運営会社を買収した際、それにより利益約 180 億円のみを連結決算に計上し、孫会社（特定目的会社 SPC）を連結から外してほぼ同額の損害を反映させず、決算で利益を不正に水増ししていた。このような不正処理に関与していた監査法人が元中央青山監査法人（発覚

時にはみすず監査法人）であった。

　日興コーディアルの社長らは辞任して、シティグループ傘下に入り（61% 保有）、現在、「日興シティホールディングス株式会社」に商号変更した。（詳しくは 52 頁へ）

・荏原製作所事件―元代表取締役による会社資金の不正支出（3.2 億円）2007 年 4 月発覚
・エス・バイ・エル株式会社―2007 年 4 月発覚
・ブックオフコーポレーション―2007 年 5 月発覚
・日特建設株式会社―2007 年 6 月発覚
・株式会社 IHI―2007 年 9 月発覚
・サカイオーベック株式会社―2007 年 12 月発覚
・真柄建設株式会社―2007 年 12 月発覚
・ニイウスコー株式会社―2007 年 11 月発覚
・コクヨ株式会社―2008 年 4 月発覚
・トラステックホールディングス株式会社―2008 年 6 月発覚
・株式会社ゼンテック・テクノロジー・ジャパン―2008 年 7 月発覚
・株式会社大水―2008 年 10 月発覚
・株式会社ビックカメラ―2008 年 12 月発覚
・フタバ産業株式会社―2008 年 10 月発覚
・株式会社キューソー流通システム―2009 年 1 月発覚
・ジョイオーグループホールディング株式会社―2009 年 2 月発覚
・ダイキン工業株式会社―2009 年 3 月発覚
・株式会社 SBR―2009 年 4 月発覚
・中央化学株式会社―2008 年 6 月発覚
・株式会社アルデプロ―2009 年 6 月発覚
・株式会社イデアインターナショナル―2009 年 10 月発覚

- モジュレ株式会社―2009 年 11 月発覚
- JVC・ケンウッド・ホールディングス株式会社―2009 年 7 月発覚
- 株式会社リンク・ワン―2009 年 11 月発覚
- 株式会社アイロムホールでイングス―2009 年 7 月発覚
- ユニバーサルソリューンシステム株式会社―2009 年 9 月発覚
- エムスリー株式会社―2010 年 2 月発覚
- 株式会社リミックスポイント―2010 年 4 月発覚
- 株式会社アクロディア―2010 年 5 月発覚
- 株式会社コネクトテクノロジー―2010 年 7 月発覚
- 株式会社くろがね―2009 年 6 月発覚
- 株式会社フォーバル―2010 年 7 月発覚
- 株式会社リンコーコーポレーション―2010 年 7 月発覚
- デザインエクスチェンジ株式会社―2010 年 7 月発覚
- 株式会社アクセス―2008 年 1 月発覚
- 日本産業ホールディングス株式会社―2010 年 8 月発覚
- 鉱研工業株式会社―2010 年 9 月発覚
- 株式会社やすらぎ―2009 年 3 月発覚
- 株式会社東理ホールディングス―2010 年 1 月発覚
- SBI ネットシステムズ株式会社―2010 年 4 月発覚
- 株式会社プロジェ・ホールディングス―2010 年 1 月発覚
- 東京日産コンピュータシステム株式会社―2010 年 12 月発覚
- ステラ・グループ株式会社―2010 年 1 月発覚
- 株式会社 fonfun―2010 年 12 月発覚
- 株式会社東研―2010 年 10 月発覚

（3）リコール隠し（道路運送車両法違反）

① 三菱自動車、三菱ふそうトラックバス事件

　三菱自動車、三菱ふそうトラックバスは、数々の自動車の構造上の欠

陥についてのリコール（無償改修、無償修理）隠しを行った。これらは道路運送車両法違反（63条の3）の違法な行為であり、次々とリコール隠しが表に出た。

　まず発覚したのは2000年であったが、2004年にも再度発覚し、横浜市や山口県の自動車事故が起き、欠陥があった事が判明し、元社長や元会長が業務上過失致死容疑で逮捕された。そして2004年12月には再発防止策を国交省に提出したにもかかわらず、2005年に入ってからも隠蔽が更に発覚し、2005年3月28日には国土交通省は組織的な隠蔽で道路運送車両法のリコール届出義務違反に当たると判断し、東京地裁に過料を科すように通知をした。2005年4月には2件約27万4,600台を対象にしたリコールと、1件約9万台を対象としたリコールに準じる改善対策を国土交通省に届け出た。また2005年7月1日には、1992年3月〜2002年8月に製造した20万8,988台のリコールを国土交通省に届け出た。しかも、これだけの数のリコール隠しは経営トップも巻き込んだ組織ぐるみの行為であると認定された。2005年3月期の決算では当期の赤字は4,747億円となった。

　刑事事件となったのは3つある。

ⓐ 横浜市の母子死傷事故（2002年1月）

　　ハブの破損で車輪が脱落する不具合が多発していたのにそれの原因を突き止めず、国土交通省に多発性無しと虚偽の報告をして放置した結果の事故であり、業務上過失致死傷罪で横浜地裁に刑事起訴された。

ⓑ 道路運送車両法違反（虚偽報告）

　　ⓐの事件の後に、国に嘘の報告をしたとして、経営の元のトップ三名が道路運送車両法違反で横浜簡裁に刑事起訴された（但し、三名とも否認した）。

　　この事件では、国土交通省が三菱自動車にリコールの検討を求めたところ、三菱自動車は、「整備不良が原因でリコールの必要はない」と報告した。その報告が虚偽であるとして道路運送車両法違反の責任が問われた事件であるが、国土交通省は三菱自動車で口頭の要求

をしたことが、正規の報告要求ではないとして、2006年12月13日、横浜簡裁は無罪の判断を下した。

© 山口県の死亡事故（2002年10月）

　クレーム隠し事件が発覚した2000年7月、旧運輸省から改善措置の必要な案件を全て報告するように求められていたのに、1998年3月以前の不具合の情報は保存されておらず調査できないとの報告をして、クラッチ系統の欠陥を放置した過失により運転手の事故を引き起こしたとして、社長らが、業務上過失致死傷罪で横浜地裁に刑事起訴された。

　ようやく三菱自動車は一連のリコール隠しについて2005年3月30日、リコール隠し問題に関する最終報告書を提出し、その中で、「78年から違法なヤミ改修やリコール隠しを続けており、全社的に企業倫理が欠如していた」と総括し、今後、さらに会社は歴代三社長に対して数億円程度の損害賠償請求の民事訴訟を提起した。

　この三菱自動車、三菱ふそうトラックバス事件はいずれも社員の内部告発が契機となって発覚した事件と言われている。

②トヨタ自動車事件

　RV車にハンドル操作ができなくなる欠陥があることを知りながら約8年間リコールを怠ったということで、2006年7月に、熊本県警がトヨタ自動車に厳しく勧告し、リコール担当部長らを業務上過失致死傷罪で書類送検した。トヨタ自動車は2001年のリコール件数が約6万台であったが、2005年は約188万台と大幅に増加した。

③車部品メーカーのタカタ事件

　2004年頃からその生産したエアバッグが衝突時に破裂し、車内に金属が飛び散るなどの欠陥が見つかっていたが、2014年現在で世界中で累計で1,000万台以上もリコールとなっている。2014年11月20日、アメリカ上院議会では、タカタの欠陥エアバッグを巡る公聴会を開き、清

048

水博シニアバイスプレジデントは謝罪した上で、組織的な隠蔽について
は否定した。

2005年頃に最初の欠陥を受け付けていながらホンダがリコールするま
でなぜ3年もかかったのか、隠蔽ではなかったのかという疑問も残って
おり、アメリカ運輸省の高速道路安全局は、2014年11月26日、リコー
ルの対象地域をアメリカ南部から全米へと拡大するように命じた。その
結果、リコール台数は日本国内での約261万台に、相当台数（全世界だ
と約1,000万台超）が加わることになり、交換部品が行き渡るには年単
位の時間がかかるということである。

さらに、ホンダがタカタ製の運転席エアバッグを搭載した車両につい
て、自主的に回収して原因を追究する調査リコールを2014年内に全米
で実施する方針を固めた。ホンダは交換部品の調達などでタカタと協力
して全米で調査リコールを進める見通しである。また、日本国内でも、
国土交通省は2014年12月4日、日本でタカタ、ホンダなどの完成者メー
カーに調査リコールを指示する方針を固めた。国土交通省が調査リコー
ルを指示するのは初めてのことである。

④ パロマ工業事件

ガス瞬間湯沸かし器について安全装置の配線改善を原因とする一酸化
炭素中毒事故の隠蔽事件がある（詳しくは、9頁 *1 参照）。この事件も、
一酸化炭素中毒事件はかなり前から発生していたが、パロマはそれを公
表せずにいたため、結果として多くの中毒死事件が発生した。

⑤ リンナイ事件

2007年2月に、小型開放式瞬間湯沸かし器でのCO中毒で、都合5
件の一酸化炭素中毒によって死亡していたことが判明した。2007年2
月7日に神奈川県での死亡事故があったのを機会に、経済産業省が調査
し、発表したものである。この時発表したのは1995年以降の一酸化炭
素中毒であり、1992年12月に中野のアパートで平形弁護士一家5名が
死亡する事故が起きていたが、その原因を伏せていたことも発覚した。

⑥ 東洋ゴム工業事件 ― 2007 年 10 月発覚

　断熱パネル防火認定の実験用検体作成時に実生産では使用しない物質を大量に混入して難燃性を高めて断熱パネル防火認定を不正取得し、試験体と異なる製品を生産し、販売した。

⑦ 芦森工業株式会社事件 ― 2008 年 10 月発覚

　消防用・消火栓用ホースの消防法に基づく個別検定を受けるに際し、不適切な手法・手続を用いた事が発覚した。

⑧ シンドラーエレベータ事件 ― 2006 年 6 月発覚

　シンドラーホールディングス製のエレベータが、2006 年 6 月 3 日、東京都港区の特定公共賃貸住宅で死亡事故を引き起こした。そのエレベータに自転車に乗ったまま乗降中の高校生が、扉の開いたままの状態で突然上昇したために、エレベータのかご部分と建物の天井との間に挟まれて圧死したという事件である。同社は当初責任を否定していたが、6 月 12 日になって、保守業者への情報の提供が不十分であったと認め、翌 6 月 13 日に、ケン・スミスは謝罪した。

　国土交通省は、2006 年 11 月 17 日、同社製エレベータを点検した結果を発表し、過去 1 年内に、閉じこめ 175 件を含む 1,294 件の不具合があったが、構造上の欠陥ではなく、保守管理が十分ではなかったとして重点的に点検を行うように勧告した。

　2007 年 1 月 1 日に、ケン・スミスが退任し、ゲアハルト・シュロッサー氏が代表取締役に就任し、「独立アドバイザリー委員会」を設置した。

⑨ カネボウ化粧品の白斑問題事件 ― 2013 年 7 月発覚

　カネボウ化粧品は、旧カネボウ株式会社から切り離して 2004 年に発足した花王株式会社の 100% 子会社であり、2013 年 7 月に、ロデノールを用いた美白化粧品群が、使用していた者に深刻な白斑症状を引き起こしている事が発覚し、大規模な自主回収という事態となった。白斑の

確認された消費者は 2014 年 8 月 8 日時点で 1 万 9,073 人となっている。症状の重い消費者 4,000 人の個別訪問をして謝罪したとされる。

カネボウ化粧品は 2014 年 11 月 28 日、症状の重い被害者に対して保証金を支払うこととし最も症状が重い場合には 900 万円程度、白斑の部位の大きさによって 100 万円〜300 万円程度を想定しているが症状が重い場合にはその 2、3 倍の支払いを検討しているということである。

（4）独禁法違反

独禁法違反としては、次の事件がある。

①三菱樹脂株式会社− 2007 年 8 月発覚
②日新製鋼株式会社− 2008 年 12 月発覚
③古河電気工業− 2008 年 7 月発覚

（5）金融商品取引法違反（旧証券取引法違反）等

① コクドの堤会長（金融商品取引法（旧証券取引法）違反）

西武鉄道株式事件で、堤義明を証券取引法違反（有価証券報告書の虚偽記載、インサイダー取引）で、東京地裁は 2005 年 10 月 27 日、懲役 2 年 6 月、執行猶予 4 年、罰金 500 万円の判決を下した。

西武鉄道の大株主であるコクドによる保有比率が上場廃止基準を超えていることを隠すため、2004 年 3 月期のコクドの持分比率を実際より少なく記載した有価証券報告書を作って提出したこと、同年 9 月に長年同報告書に虚偽記載してきたことを告げないまま、取引先など 10 社に約 1,800 万株を約 216 億円で売却したことがその犯罪事実である。

西武鉄道筆頭株主であり、親会社のコクドの会長である堤義明は、コクドの保有している西武鉄道の株式の比率を過小に報告するために、コクドの保有する西武鉄道の株式を個人名義に偽装していたが、2004 年 8 月の西武鉄道の取締役会において監査役が名義偽装株式の存在を指摘した事等が契機となり、西武鉄道がコクドに調査を依頼したため、堤義明が西武鉄道に株式の大量売却をする方針にして各企業に西武鉄道株の売却を勧めた（朝日新聞 2005 年 2 月 27 日記事）。これらの行為は、有価

証券報告書の虚偽記載となり、当時の証券取引法197条、198条違反として起訴された。その捜査段階で、西武鉄道前社長が自殺するという悲劇もあった。

② O電鉄事件

2005年5月、O電鉄は、グループ内の持ち合い株式の一部に元役員や従業員の名義で、上場子会社のO建設やO不動産の株式を保有していたとして、名義株の存在を認め、有価証券報告書の虚偽記載が発覚し、有価証券報告書を訂正することになった。2004年の10月の社内調査で判明していたが、既に解消していたために過去の訂正を怠っていたと謝罪した。利光会長と松田社長は辞任した。

③ ライブドア事件― 2006年2月発覚

同じ有価証券報告書の虚偽記載（証券取引法違反）が関係するのがライブドア事件である。これは自社株、関連株の価格の吊り上げ操作の事件である。当期純損失であったにも拘わらず、架空売上を計上するなどして増収増益を達成して完全黒字化とした。ダミーの投資事業組合を通して、自己株式売却によって得た金を利益として計上した。ホリエモンこと堀江貴文は逮捕され2年6か月服役した。この事件も容易に発覚し難い事件であった（詳しくは3頁の*4参照）。

④ 日興コーディアル証券事件

2006年12月18日、証券取引等監視委員会は日興コーディアル証券が傘下の投資会社の決算上の数字の取扱いについて不適切な処理を行い、約180億円の水増しをしていたと指摘した。その結果、2005年3月期の有価証券報告書では、約589億円の経常利益が約777億円に、約352億円の税引き後利益が約469億円に水増しされた。

同グループはこの決算にもとづいて市場から500億円の社債を発行した。金融庁は、5億円の課徴金を課すように内閣総理大臣と金融庁長官に勧告した（2007年1月5日に5億円の課徴金を賦課）。東京証券取引

所は、同社を監理ポストに割り当てた。これは山一證券以来の厳しい処置であった。そして、同年 12 月 26 日に会長、社長らが辞任した

有識者による特別調査委員会が、2007 年 1 月 30 日に報告をし、日興コーディアルグループの不正会計について、「意図的」「組織ぐるみ」と断じた。なお、この不正決算については、旧中央青山監査法人（当時みすず監査法人）が適正と判断しており、問題とされた。

2007 年 2 月にシティグループが日興コーディアルグループを事実上の傘下にするように交渉を開始し、5 月 18 日に、シティグループが日興コーディアルグループの株式の 61.08% を保有する筆頭株主となり、さらに 2007 年 10 月 2 日、シティグループが日興コーディアルグループを完全子会社化すると発表した。

(6) インサイダー取引

インサイダー取引とは、会社の内部情報に接する立場にある会社役員等が、その立場を利用して会社の重要な内部情報を知り、その情報が公表される前にその会社の株式等を売買する行為のことをいう。

インサイダー取引として指摘されている事件としては、次のようなものがある。以下は、主として「第三者委員会―設置と運用」（弁護士本村健ほか、金融財政事情研究会）による。

① 村上ファンド事件

村上ファンドは、村上世彰がインサイダー取引（証券取引法違反）で、2006 年 6 月起訴された。ライブドアに日本放送の経営権取得を勧め、その気になったライブドアがその株式の大量取得を始めたために株価がつり上がったところを、その株を市場で売り抜けて株価を操作して 30 億円の利益をあげた。

その他にインサイダー取引で問題となった企業には次のような会社があった。

宝印刷株式会社―2007 年 8 月発覚

NHK― 2008 年 1 月発覚

新日本監査法人─2008 年 2 月発覚

N 證券─2008 年 4 月発覚

あおぞら銀行─2009 年 6 月発覚

カブドットコム証券─2009 年 5 月発覚

ユニゾン・キャピタル事件─2010 年 11 月発覚

株式会社テークスグループ─2010 年 2 月発覚

この中で特筆すべきは N 證券である。

② N 證券事例─2012 年 3 月発覚

2012 年 N 證券は、① 2010 年 7 月の国際石油開発の増資に関する情報を旧中央三井信託銀行に、② 2010 年 6 月のみずほフィナンシャルグループの増資に関する情報を旧中央三井信託銀行に、③ 2010 年 9 月の東京電力の増資に関する情報をファースト・ニューヨーク證券に、それぞれ漏らしたが、そのことは、①は 2012 年 3 月 21 日に、②は 2012 年 5 月 29 日に、③ は 2012 年 6 月 8 日に、徐々に発覚した。金融庁は、組織的に情報を漏らしていたとみる証券取引等監視委員会の意見を元に、2012 年 8 月 4 日、金融庁が改善命令を出した。また、N 證券では 2012 年 7 月 CEO が交代した。その他、日本航空の再上場で主幹事のまとめ役から降ろされた。

（7）食品衛生法違反

① 雪印乳業事件

2000 年 7 月、脱脂粉乳による集団食中毒事件（大阪工場のパイプの汚染が原因）で、製造工程のバルブの洗浄が完全ではなかったために製造した脱脂粉乳に黄色ブドウ球菌が繁殖して、それを飲用した 1 万 3,000 人もの多くの消費者が吐き気や下痢等の中毒症状を起こして入院したという事案である。食品衛生法違反で起訴された。問題は、そのパイプの汚染について社長が知らない、汚染はなかったと連続して発言し、その会見の場で横にいた工場長は汚染があったと告白したので、社長は工場長の弁明を聞き、「そうだったのか」と驚いたという茶番を演じたが、

その真偽はともかく、同じ会社の社長と工場長の間でこのような重要事項についての認識が異なっていたということであり、そのような醜態をマスコミの前でさらした。少なくとも経営トップが言い訳をするような事態があれば、国民は誰もその会社、社長を信用できないであろう。

　さらに、数日後に記者会見が終了してエレベーターに乗り込もうとした社長に対した質問に、対応に追われて私は寝ていないんだと発言し、病院で入院して苦しんでいる被害者のことを考えない不用意な発言として社会的な非難を浴びた。

　その他に、食品衛生に関連する事件としては、次の②事例から⑫事例のようなものがある。

② 不二家事件

　2006年10月、11月の計8回にわたって、埼玉県新座市の埼玉工場でシュークリームを製造するために、賞味期限の切れた牛乳を使用していた。洋菓子の繁忙期であるクリスマス商戦を乗り切った後の2007年1月10日に内部告発を受けた報道機関によって公にされた。しかし、2007年1月11日の記者会見で、消費期限切れの鶏卵を用いたシュークリーム、洋生菓子の衛生規範に定められた値の10倍・社内規定の100倍を超す細菌が検出されたシューロール、社内基準を超過した賞味期限表示を行ったプリンなどの品質基準未到達製品を出荷していたことなどが明らかになった。

　不二家は、2007年1月11日より洋菓子の製造・販売を休止し、東急ストア、伊勢丹、セブンイレブン、イオンらは売り場から不二家の商品を排除した。また、埼玉県、農水省などが調査に入り、食品衛生法違反の疑いを指摘した。1月22日に藤井林太郎社長が退任することになり臨時取締役会が開かれた。

　不二家は、「信頼回復対策会議」を立ち上げて対応策に当たることにした。そして事態打開のために、不二家とりそな銀行は、山崎製パンに品質管理などの業務支援を要請し、2007年2月5日に、山崎製パンが

業務支援を行うことが発表された。山崎製パンが 51% の株式を保有している。2007 年 3 月 1 日に、一部の工場で製造が再開され、3 月 23 日から販売を再開した。

③ 赤福（消費期限切れの改ざん）

2007 年 10 月に、赤福が食品の品質表示等を定めた JAS 法違反容疑で農水省、伊勢保健所の立入調査を受けていたことが判明した。赤福は、出荷の際に余った餅を冷凍保存して、解凍した時点を製造年月日に偽装して出荷した。赤福はこれを「まき直し」と称していた。

また、未出荷のもの、配送車に積んだまま持ち帰ったもの、回収した赤福を、餅と餡（あん）に分けて、それぞれ「むき餅」「むき餡」と称して、自社内での材料に再利用したり、関連会社への原料として販売していた。

これらは食品衛生法違反であり、三重県は 2007 年 10 月 17 日からの無期限営業禁止処分にした。

④ 船場吉兆（消費期限表示の改ざん）

社長である息子と会長である母親とが、記者会見の場で醜態をさらした（詳しくは 9 頁 *2 参照）

⑤ 石屋製菓株式会社（賞味期限の改ざん）

2007 年 8 月、主力商品である「白い恋人」についての賞味期限は通常 4 か月としていたものを最大で 2 か月の延長をしていたことが発覚した。同社では 1996 年以降、賞味期限の延長を行っており、一年間で最も商品が売れる夏の観光シーズンに向けて常態化していたが、消費期限切れで返品されるのを減らすことで製造ラインの効率的な稼働やコストカットにつながった。JAS 法違反と認定されたが、国が改善命令を出し、それに応じなければ、命令違反として罰則の対象になる。

⑥ 日本生活協同組合連合会—2008 年 1 月発覚

2007 年 12 月から 2008 年 1 月の間に、中国の河北省の「天洋食品」

の工場で製造された冷凍餃子をたべた千葉、兵庫の3家族が中毒症状を起こした事件であり、輸入商社双日食品で、製造委託先はJT食品で、販売業者は日本生活協同組合連合会であったが、自ら食の安全を標榜している生協COOPの商品が有毒であったことは衝撃であった。有害物質は農薬であるメタミドホスであった。中国政府は、当初、中国内で製造した段階で農薬が入ったのではないとして調査に協力的ではなかったが、2010年3月に、天洋食品の元従業員が、賃金、ボーナス等に不満でこのような犯行を行ったとして逮捕され、2013年7月に初公判が開かれた。

⑦ マルハニチロ・アクリルフーズ事件

2013年12月、マルハチロの子会社のアクリルフーズでの群馬工場で製造した冷凍食品に異臭がするとの苦情があり、調査した結果、高濃度の有期リン系農薬マラチオンが検出された。食品衛生法による立入検査の結果、通常の製造過程で汚染されたとは考えにくいとして、意図的に混入されたものと判断された。2014年1月、アクリルフーズ群馬工場で働いていた契約社員が、冷凍食品に農薬を混入して工場を操業停止にしたとして偽計業務妨害罪で逮捕され、さらに器物損壊罪容疑で逮捕され起訴された。2014年8月14日に、前橋地方裁判所はその元契約社員に懲役3年6か月の実刑判決を下した。

⑧ マクドナルド事件

2014年7月、中国の大手食品加工会社「上海福喜食品」が使用期限切れの鶏肉を使用していたことが発覚し、日本マクドナルドは、中国製チキン商品の販売中止を余儀なくされた。同年7月29日に、日本マクドナルドのサラ・カサノバ社長が記者会見を開き、上海福喜食品との取引を解消し、安全性と信頼性の回復につとめると約束した。さらに、相次ぐ異物混入問題が表面化し、2015年1月の店舗の売上高は前年同期と比較して38.6％下がり、大幅な営業赤字となった。

⑨ 木曽路事件

2014 年 8 月 15 日、しゃぶしゃぶ店の木曽路の 3 店舗で、価格の安い和牛を松坂牛と偽って提供していたことを公表した。

⑩ ダスキン事件

2000 年、清掃用品レンタル最大手のダスキンが全国展開するファーストフード店「ミスタードーナツ」において販売していた肉まんに、無認可添加物である TBHQ が使用されていた。食品衛生法 6 条 2 項違反とされた。

⑪ ミートホープ事件

2007 年 6 月、会社を退職した元従業員らが告発したことから、ミートホープが納入した牛肉に豚肉が混じっていたことが発覚し、その後、牛肉 100% の挽肉の中に、豚肉、鶏肉、パンの切れ端などの異物を混ぜて水増しを図ったほか、色味を調整するために動物の血液を混ぜたり、味を調整するためのうまみ調味料を混ぜたりしたこと、さらに、消費期限が切れたものをラベルを替えて出荷したり、腐りかけて異臭を放っている肉を細切りにして少しずつ混ぜたり、サルモネラ菌が検出されたソーセージのデータを改ざんして小中学校向けの給食に納入していた。警察は同年 6 月 24 日、不正競争防止法（虚偽表示）容疑で家宅捜索し、会社は事業の継続が不可能になり、2007 年 7 月 18 日に自己破産申立てをし、会社は解散した。社長は逮捕起訴され、不正競争防止法（虚偽表示）違反、詐欺罪で懲役 4 年の実刑となった。

⑫ ヤマト運輸（荷物の杜撰な温度管理）

2014 年 10 月、鮮魚などを運ぶクール宅急便のサービスで、全国 4,000 箇所の事業場のうち、約 200 箇所で社内で定めた温度管理のルールが守られていなかった事が発覚した。

（8）食肉違法買取り請求（詐欺罪）

① 雪印食品事件

2001年10月ころ、外国産牛肉の在庫を減らすため、BSE対策の買取り金を悪用し、外国産輸入牛肉に国内産のシールを貼り買い取らせたということで関係者が詐欺罪で起訴された。この不祥事で雪印食品は2002年4月に廃業し、会社解散し、2005年8月に清算結了した。

なお、事件が発覚したのは、雪印食品の取引先であった西宮冷蔵が告発したからである。

② 日本ハム事件

2002年8月、外国産輸入牛肉を国産牛肉に偽装して補助金を詐取したとして関係者が起訴された。また、社内処分の発表に対し武部農水大臣はその経営陣の処分の甘さに納得できないとのコメントを出す異例の事態となり、結局、社長、会長が完全辞任となった。

（9）原子力関係

電力会社等の運営している原子力発電に関してはこれまでも以下のような多様な問題が起こっている。

① 動燃の高速増殖炉もんじゅのナトリウム漏れ事故

1995年12月の動燃（動力炉・核燃料開発事業団。現在は核燃料サイクル開発機構）の高速増殖炉もんじゅのナトリウム漏れ事故があった。その原子炉設置許可処分の無効確認訴訟が提起され、最高裁で設置許可処分は有効であることが確認されたが（最高裁平成17年5月30日判決）、その事故の調査過程で、事業団内部の調査担当者（西村成生氏）が自殺に追い込まれたとして、遺族が、2004年10月13日、開発機構を相手に安全配慮義務違反の損害賠償請求を起こした（朝日新聞2004年10月4日記事）。

② 東電による点検異常の隠蔽

　東京電力は、2002年8月、原子力発電の点検異常（ひび割れ）を隠蔽していたことが発覚し、経営トップが辞任した。原発事故は、一度事故が起きれば大災害につながるおそれがあるため、少しでも異常があれば、原子力防災管理者は、主務大臣、所在都道府県知事、所在市町村長、関係隣接都道府県などに通報しなければならない（原子力災害対策特別措置法10条）のに、虚偽の報告をしていた。

　契機となったのは、自主点検において、点検作業を行ったゼネラル・エレクトリック・インターナショナル（GEI）のアメリカ人技術者が、2000年7月、東京電力の福島第一原発、福島第二原発、柏崎刈羽原発において、多くのひび割れ等が点検作業で発見されていたにも関わらず、それを東京電力が隠蔽しているということで、通産省（現在経済産業省）に告発文書を送ったことで発覚した。

　この発覚で、南社長ら5名の社長経験者が社長、会長、相談役等から引責辞任した。

③ 関電の美浜原発蒸気噴出事故

　2004年8月に関西電力の美浜原子力発電所で蒸気噴出事故が起き、4人が死亡し、7人が重軽傷を負った。冷却系の配水管が本来1cmの肉厚があるはずが1.4mm程度になっており、老朽化対策を怠っていたことが原因であると思われる。この事故により、関西電力の社長が辞任表明をした（朝日新聞2005年3月26日記事）。

④ 東京電力の福島第一原発事故（2011年3月11日以降）とその後の対応の拙劣さ

　2014年7月、東京電力の元役員（勝俣元会長、武藤元副社長、武黒元副社長）の業務上過失致死傷罪での検察審査会の起訴相当、小森元常務は不起訴不当の決議であった。

　政府機関の予測に基づいて最大15.7mの津波を試算していたのに、勝俣らはその報告を受けながら、それに対する対策を取っていなかった。

具体的には、電源車を高台に移す等の対策をとらず、適切な指示をすることをしなかったという。

　福島第一原発事故の復旧及び賠償のために日本国政府による公的資金が投入されているが、その仕組みは次の通りである。2012年7月31日に、原子力損害賠償支援機構（現原子力損害賠償・廃炉等支援機構）が株式を取得し、議決権ベースで50.11%を有する筆頭株主となった。原子力損害賠償・廃炉等支援機構は特別の法律に基づく認可法人であり、理事は内閣が任命し運営委員会委員の任命には政府の認可が必要であり、また、同機構が東京電力に交付する資金は、日本国政府が交付もしくは政府保証により機構が借り入れたものである。東京電力は、実質的に半国有化され、国の管理下にある。

⑤ 東海村 JCO 臨界事故

　1999年9月30日、東海村にあるJCOの核燃料加工施設内で核燃料を加工中に、ウラン溶液が臨界状態に達し、核分裂連鎖反応が発生し、20時間その状態が継続した。その至近距離にいた作業員3名が中性子線を浴び、救急車が出動した（うち2人死亡）。現地で事故現場から半径350メートル以内の住民40世帯への避難要請、500メートル以内の住民への避難要請、10km以内の住民への屋内待避を呼びかけ、現場周辺の県道、国道、常磐自動車道の閉鎖、JR各線の運転見合わせ、自衛隊の出動要請などの措置がとられた。

　事故の原因は、旧動燃が発注した高速増殖炉の研究炉用核燃料の製造工程におけるJCOの管理のずさんさにあった。

　その結果、濃縮度18.8%の硝酸ウラニル水溶液を不当に大量に貯蔵した容器の周りにある冷却水が中性子の反射材になり、中性子線の放射線が大量に放射されたとされる。

　2000年10月16日、茨城労働基準局、水戸労働基準監督署は、JCOと東海事業所所長を労働安全衛生法違反容疑で書類送検し、11月1日には水戸地検が所長外の従業員を業務上過失致死罪、法人のJCOと所長を原子炉等規制法違反、労働安全衛生法違反で起訴した。2003年3

月 3 日、水戸地方裁判所は、JCO に罰金刑、従業員被告に執行猶予付きの有罪判決を下した。

（10）保険業法違反（明治安田生命事件）

2005 年 3 月、明治安田生命は保険業法違反で個人保険の販売を 2 週間禁止するという業務停止命令を出された。これまでにない異例の厳しい措置である。その内容は、営業社員が契約の加入にあたり、契約者に病歴を申告しないように勧めており、他方、保険金の支払いの際には、その契約者が病歴で嘘をついたとして保険金を支払わなかった。

そして、本来、悪質な申告義務違反に適用するべき詐欺無効の範囲を不当に拡大して適用し、保険金の支払いを免れてきた。そのため金融庁からの指導で 162 件 15 億 2,200 万円を支払った（朝日新聞 2005 年 2 月 26 日記事）。明治安田生命は、保険金の不当不払いの責任を負って、金子社長の役員報酬を 4 月から半年間カット、保険金部門担当の専務取締役平田滋、取締役法務部長上山一知が辞任した。

ところが、その後、同年 5 月に、大口法人契約の外資系証券会社には、契約の見返りに計 2 億 7,000 万円余のリベートを渡していたとして、国税局は課税対象の交際費として追徴課税した。

さらに、金融庁が同年 6 月に検査を行ったところ、新たな不払いが発覚し、それが過去 5 年間で 1,053 件、52 億円を超えることが発覚して、金融庁は新規保険契約と募集停止の 2 週間、新商品開発と販売は無期限とする 2 度目の業務停止命令が出された。その上、2005 年 10 月、明治安田生命の販売子会社が大口の法人契約を成立させるため、職員らが契約書を 100 人以上も不正に代筆し、契約者名の印鑑を勝手に揃えて押していたことが判明した。また、この契約を巡って、違法なリベートも支払われていた。

同年 11 月 4 日に、専務以上の全役員 11 名の退陣を決めた。

（11）総会屋への利益供与事件（商法違反）

1997 年から 2004 年まで、株主総会の対策として総会屋に対する利益

供与等で商法違反の責任を問われた企業名（朝日新聞2004年3月2日記事）が下の表である。

　日本の冠たる企業ともいえる会社が、総会屋に利益供与をしてきたということは、全く嘆かわしいことである。中には、他の点での不祥事にも名前の挙がっている企業も見受けられる。

味の素　　1997年	N證券　　　1997年	第一勧銀　　1997年＊
松坂屋　　1997年	三菱自動車　1997年	三菱地所　　1997年
東芝　　　1997年	三菱電機　　1997年	日立製作所　1997年
日本航空　1998年	神戸製鋼所　1999年	日本信販　　2002年＊
西武鉄道　2004年春		

　その中でも特殊な位置づけをしなければならないのはN證券事件と第一勧銀事件であるが、以下紹介する。

① N證券事件、第一勧銀事件

　総会屋である小池隆一に対して一連の利益供与で、第一勧銀から460億円もの利益を得て、その金で四大証券（野村、山一、大和、日興）の株主となり、その四大証券からも利益供与を得た事件である。逮捕者は、第一勧業銀行は11人、野村證券3人、山一證券8人、大和証券6人、日興證券4人である。

　第一勧業銀行は、1997年5月20日に東京地検特捜部により本店を家宅捜索され、近藤頭取の退任、宮崎元会長（相談役）の自殺、その他多くの関係者の逮捕につながった。1997年5月20日当時、小池隆一に1985年から96年までに、株主総会の円滑な運営に協力してもらう見返りとして、約460億円もの融資を行い（そのうち、1994年7月から96年9月の間に117億円の迂回融資をしていた）、小池はそのうちの31億円を四大証券の株式の購入資金に充てていた。第一勧銀の奥田会長は、1999年9月9日、懲役9月、執行猶予5年などの判決を受けた。

　N證券は、1997年に家宅捜索を受けた。酒巻英雄が社長についた1992年の株主総会前に、小池は30万株の株主提案権を楯にして、酒巻

ら10名の取締役の解任要求と証券不祥事を追及する質問状を提出し、酒巻はこれに屈したのが利益供与のきっかけである。そして、酒巻社長は、証券界のドンといわれた田淵節也元会長の復権を実現させるために小池隆一に株主総会を仕切ってもらうように依頼して、見返りとして利益供与を約束した（田淵節也は、1991年の株取引に伴う損失補填問題で引責辞任していた）。そして、田淵節也は、酒巻社長時代の1995年に取締役に復権した。小池に対しては、酒巻社長は、バブル崩壊時に総会屋に大きな損失が出たので、それを補填することにした。さらにそれでも足らない分については、3億2,000万円を現金で手渡した。酒巻社長は、商法（利益供与）と証券取引法違反（損失補填）で逮捕起訴され、1999年に懲役1年、執行猶予3年の有罪判決を受けた。

②日本信販事件

2002年11月17日、日本信販の専務取締役等8名が警視庁に商法違反（利益供与）で逮捕された。総会屋近藤喜久夫に対して、1998年に顧問契約を締結して毎月20万円、その後増加して毎月約80万円を渡して、いわゆる与党総会屋として、他の総会屋の発言を封じるために暗躍してもらい、さらに総会運営の指導を受けていた。

その他、民暴事件としては、③スルガコーポレーション事件と④みずほ銀行暴力団融資事件がある。

③ スルガコーポレーション事件

2008年3月に発覚したスルガコーポレーション事件では、同社が所有する東京都内のオフィスビルを巡り、弁護士資格のない反社会的勢力に立ち退き交渉などを委任していたとして、弁護士法違反（非弁行為）の疑いで、朝治容疑者ら10名が逮捕された。

④ みずほ銀行暴力団融資事件

2013年に、みずほ銀行が、オリエントコーポレーションとの提携ロー

ンを通じて暴力団に対して融資取引を行っていたことが発覚した。大半は反社会勢力が自動車販売店とのローンにおいて提携するローンを組んでいたとのことであり、問題とされたのは230件程度である。2010年時点で銀行はこのような取引が行われていたことは把握していたが、抜本的な対策は取っていなかった。2013年9月27日には、金融庁は、みずほ銀行に対して業務改善命令を出した。

2013年10月にみずほ銀行内に提携ローン業務適正化に関する特別調査委員会が設置された。

（12）個人情報の漏洩

個人情報保護法が2005年4月1日より施行されたが、その2、3年前から個人情報の使用方法が本来の提供した利用方法以外に使われて予想外の業者からのダイレクトメールが送付されたり、全く知らない業者からマンションの購入の電話がかかってきて詐欺的な商法の被害にあったり、いわゆる振り込め詐欺のような違法行為が横行するようになり、個人の氏名、電話番号、住所、家族構成などの個人の情報についての一定の保護が必要であるということになってきた。

マスコミで報道された大規模な事件としては下の表のような事件がある。最近の事例は何といってもベネッセホールディングスの個人情報ビッグデータの漏洩である。おわびの費用として260億円を計上したということである（*43）。

その名簿の流出自体で、必ずしも、その記載者に実害が生じたというわけではないのであるが、個人情報の管理の甘い会社として社会的な信用の失墜は免れない。

2003 年	
ローソン	56 万人
ファミリーマート	18 万人
2004 年	
三洋信販	116 万人

ソフトバンク	452 万人
ジャパネット高田	30 万人
アッカ・ネットワークス	30 万人
東武鉄道	13 万 2,000 人
サントリー	7 万 5,000 人
コスモ石油	220 万人
日本信販	10 万人
阪急交通社	62 万人
大和ハウス工業	36 万人
ディーシーカード	47 万 7,000 人
2005 年	
NTT ドコモ	2 万 4,000 人
オリエンタルランド	12 万 1,000 人
みずほ銀行	27 万人
あおぞら銀行	2 万 6,000 人
アメリカンファミリー生命保険	1 万 7,000 人
*2009 年 3 月	
三菱 UFJ 証券 （*42）	149 万人
*2014 年	
ベネッセホールディングス(*43)	約 3,500 万件
日本航空 　（*44）	

（*42）三菱 UFJ 証券事件

　2009 年 1 月 26 日、三菱 UFJ 証券システム部の部長代理が、同社の顧客情報のデータベースから、約 149 万人分の個人情報を不正に引き出し、CD-ROM にコピーして複数の名簿業者に売却していたことが判明した。

　同年 6 月に、その部長代理は、窃盗、不正アクセス防止法違反容疑で逮捕され、同年 11 月、東京地裁により、懲役 2 年の実刑判決が下された。

(*43) ベネッセ個人情報漏洩事件

　情報を持ち出したのは、外部会社の派遣システムエンジニアの松崎正臣容疑者で、東京地検立川支部は、2014 年 8 月 7 日、不正競争防止法違反（営業秘密の複製）の罪で起訴した。システム開発に携わり、顧客情報をダウンロードできるデータベースへのアクセス権が与えられていた。スマートフォン等を用いて持ち出した情報は都内 3 つの名簿業者に売却していた。その情報は、登録者の氏名、生年月日、住所、電話番号、メールアドレス、出産予定日（一部利用者）等であり、クレジットカード番号はないという。

(*44) 日本航空事件

　2014 年 9 月 24 日、日本航空は社内のパソコンがウイルスに感染し、JAL マイレージバンク会員の顧客情報が流出した可能性があると発表した。会員の名前、生年月日、性別、住所、勤務先、役職、メールアドレスなどらしい。本社と福岡市内にあるコールセンターのパソコン 23 台がウイルスに感染した。不正アクセスが 7 月 30 日から確認されている。

　その他に、営業秘密の漏洩したヤマザキマザック事件がある。2011 年 8 月、中国籍の社員（唐博）が本社サーバーに不正にアクセスをして、私物のハードディスクに営業秘密に当たる工作機械の設計情報などの 6 点を複製していたとして、不正競争防止法違反（営業秘密侵害）で逮捕・起訴された。唐容疑者は、中国に住む父親の体調が悪いとして退職を申し出た直後に、大量のデータをダウンロードをしていたのを同僚が不審に思って、担当部署に通報して発覚した。2014 年 8 月 20 日、名古屋地裁は唐容疑者に対して懲役 2 年罰金 50 万円の実刑判決が下された。

(13) 捜査妨害、資料隠し、データの改ざん

　金融庁の調査を UFJ 銀行や UFJ グループが妨害する行為を行い、2004 年 6 月、金融庁から銀行法違反であると指摘されて業務改善命令

が出された。その資料隠しは貸出先の健全度を見るのに影響を及ぼす資料やデータを組織的に隠すために行われたと言われている（朝日新聞2004年6月21日記事）(*45)。

同じく、日本振興銀行（現在解散手続中）の金融庁の捜査妨害事件(*46)、薬事法違反のスイス製薬大手のノバルティスファーマ社事件(*47)、実験データの改ざんが発覚した関西テレビ事件(*48)がある。

(*45) UFJ銀行事件

2005年秋、金融庁がUFJ銀行の貸出先の健全度を調査するための調査を実施していたところ、UFJ銀行はその資料を組織的に隠し、さらに、隠したいデータを廃止された部署のサーバーに移し、検査官の前で資料を破ったり、会議の議事録から大口貸出先の財務状況への懸念が話題となった部分を削除、改ざんした議事録を提出するなどの悪質な行為が為された。その結果、2004年6月、金融庁より業務改善命令が出された。

このUFJの資料隠しが発覚したのは、内部告発が契機である。

(*46) 日本振興銀行事件

2004年4月に開業し、東京都、神奈川県、埼玉県、千葉県の中小企業を対象として無担保で融資をすることを方針に、木村剛が代表取締役会長に就任したが、2008年頃からSFCG（旧商工ファンド）から多額の貸付債権の二重譲渡を受けるなどして経営が悪化し、2010年4月金融庁より報告命令を受け、5月に木村会長が辞任し、さらに金融庁から行政処分を受け、7月14日、木村を含む5名の役員が銀行法違反（検査忌避）で逮捕された。2012年3月16日、木村は、執行猶予付判決を受けた。

2010年6月に一部業務停止命令を受け、7月に役員が検査妨害罪で逮捕されて、急速に経営が悪化し、9月4日、金融庁が同行に対して、金融整理管財人による業務財産管理命令、預金保険機構を金融整理管財人に選任し、同日、民事再生法の適用の申請を行った。負債総額は、

2010 年 3 月末で約 6,194 億円であった。

(*47)　ノバルティスファーマ社の薬事法違反事件

詳細は 15 頁（*12 参照）。

(*48)　関西テレビ株式会社事件

2007 年 1 月、関西テレビ放送が製作した番組「発掘! あるある大辞典」において、納豆ダイエットに関する実験データ等の改ざんが行われた。

（14）架空・循環取引

商品やサービスは提供されないのに、当事者・業者間では転売が繰り返されており、売上は発生しないのに、売上は不正に操作され、金融機関からの融資を引き出しやすくし、有価証券の虚偽記載となり、また、不正経理となる。以下は、主として「第三者委員会 - 設置と運用」（弁護士本村健ほか、金融財政事情研究会）による。

①　（株）加ト吉事件

2007 年 4 月に、過去 6 年にわたって巨額の架空売上を計上していた事が発覚して、さらに、その架空売上の計上が、加ト吉と JT との組織ぐるみであったことがわかった。

その循環取引で、加ト吉は、取引先だった岡谷鋼機（名古屋市）から商品の売却代金請求をされ、東京地裁は商品引き渡しの有無に拘わらず支払義務があるとして約 50 億 2,000 万円の支払いを命じられている。なお、旧加ト吉の元常務は特別背任の罪に問われ、2009 年 10 月、高松地裁は懲役 7 年の実刑判決を下した。

2008 年 4 月、加ト吉は JT の完全子会社となった。2010 年 1 月からテーブルマーク株式会社へと商号変更した。

②　株式会社ネットマークス

2007 年 2 月発覚

③ ニイウスコー株式会社事件

　2007 年 11 月発覚した。ニイウスコーは、UNIX 基盤の SI を手がけ、日本 IBM の最優秀ビジネスパートナーを受賞していたが、2008 年 4 月に過去 5 年間にわたる循環取引を利用した粉飾決算で、売上高にして 682 億円の過大計上がされていたことが判明し、民事再生法の適用を申請したが、結局 2010 年 9 月に解散となった。

④ コクヨ株式会社事件

　2008 年 4 月発覚

⑤ 三井物産九州支店事件

　2008 年 6 月発覚

⑥ ジーエス・ユアサコーポレーションの子会社の事件

　2008 年 7 月発覚

⑦ 鹿島建設の連結子会社の事件

　2008 年 8 月発覚

⑧ アイ・ビー・イーホールディングスの連結子会社の事件

　2008 年 8 月発覚

⑨ 株式会社大水事件

　2008 年 10 月発覚

⑩ 株式会社セガトイズ事件

　2010 年 4 月発覚

⑪ メルシャンワイン株式会社事件

　2010 年 5 月発覚

⑫ 愛知時計電機株式会社事件

　2010 年 8 月発覚

⑬ 本田技研工業株の連結子会社事件

　2010 年 10 月発覚

⑭ 林兼産業株式会社事件

　2011 年 1 月発覚

第2章　コンプライアンスと企業の社会的な責任

（15）環境・公害関連

　環境問題は、企業も含めて強い関心を持っており、再生可能エネルギー問題、地球温暖化問題、廃棄物問題、土壌汚染問題、大気汚染、ダイオキシンなど数々の問題が発生しているが、ここではその一部を紹介する。

① タムロン

　2003年12月4日、さいたま市見沼区のタムロン本社敷地内の工場跡地の地下水から環境基準の8,200倍、土壌から3,500倍のテトラクロロエチレン（発ガン性が指摘されている有機溶剤）が検出された。

② HOYA

　2004年8月、光学レンズメーカーHOYAの羽村工場の土壌から環境基準の7,700倍のテトラクロロエチレンが検出された。

③ 三菱地所・三菱マテリアル事件

　大阪アメニティパークのマンションの敷地が重金属などで土壌汚染されていたにもかかわらず、そのことを知りながら客に知らせず分譲していたとして、事業主体の三菱地所と三菱マテリアルらが、宅建業法違反（重要事項の不告知）で書類送検された（朝日新聞2005年3月28日記事）。

　大阪市北区の複合施設大阪アメニティパーク（OAP）の土壌汚染問題であり、その土地は、元々は、三菱金属（現三菱マテリアル）の精錬所跡地に三菱地所、三菱マテリアルが再開発した土地であり、1997年、そのOAP内のマンションの地下水から環境基準を上回る重金属などの汚染物質が検出された。事業主体である三菱地所と三菱マテリアルを、土壌汚染を知らせずに分譲販売したとして、宅建業法違反（重要事項の不告知）容疑で事情聴取し、大阪府警は、2005年3月30日、法人としての両社を書類送検した。

071

④ 石原産業株式会社事件

2004年2月に発覚し、埋戻し材として販売していたフェロシルトを使用していた地域から土壌汚染基準を上回る重金属等が検出された。

⑤ 三井物産株式会社事件

2004年11月に発覚した事件であり、都へのディーゼル車向け粒子状物質減少装置（DPF）の指定承認についての虚偽データを作成し、基準値に達しない製品を販売していた。

⑥ 大王製紙事件

2007年8月に発覚した事件で、工場における煤煙のデータの改ざん、窒素酸化物（NOX）の基準値を超える排出がされていた。

⑦ コジマ株式会社事件

2007年10月に発覚した事件で、古いエアコンについて処理料金を徴収して預かったにもかかわらず、一部、不適切な処分をしていた（どうしたのかは不明）。

⑧ 古紙配合率のごまかし

2008年1月に発覚し、北越製紙株式会社、王子製紙株式会社、大王製紙株式会社が行っていた。

（16）その他の犯罪行為

① 三井物産株式会社事件

2002年7月に発覚した事件で、2000年3月に行われたODAの事業における国後島におけるディーゼル発電機供用事業の入札で、鈴木宗男議員の意向に沿って、外務省が三井物産が落札するように違法な便宜を図ったり、支援委員会の業務を妨害したとされる事件である。

1999年8月までに、コンサルタント会社と東京電力がそれぞれ、新規設置は不要で、既存ディーゼル発電施設を改修すべきであるとの意見

があったにもかかわらず、鈴木宗男が外務省に要求して新設を決定し、入札により三井物産が落札するなどの不透明な経緯をたどった。三井物産からの自民党の政治資金団体「国民政治協会」に対して献金が行われており、鈴木宗男への賄賂が疑われた。2002年7月に、外務官僚2名と三井物産社員2名が偽計業務妨害の罪で起訴され、東京地裁は2005年2月に有罪判決を下し、その後確定した。このため、三井物産では社長が辞任した。

② 西松建設株式会社事件

ア. 外為法違反の裏金づくり、政治献金、業務上横領

西松建設が海外から裏金を不正に持ち込み、一部が横領された。2008年11月21日、元事業副部長は海外事業で捻出した裏金約1億円を国内に持ち込み、社長である国澤幹雄ら幹部3名が外国為替法違反で逮捕された。さらに、その1名は約4,500万円を横領したとして業務上横領罪で起訴された。

イ. 偽装献金問題

2008年、西松建設のOBらを中心とした政治団体を通じて大物政治家への献金が送られており、特に民主党小沢一郎には破格に巨額の3,100万円が献金されていた。そして2009年3月、小沢の公設秘書である大久保隆規と西松建設の社長国澤と幹部が政治資金規正法違反で逮捕され、政治資金収支報告書に、2002年から2006年までの4年間に西松建設からの政治献金を計3,500万円（陸山会が2,100万円、民主党岩手県第4区総支部が1,400万円）を、2つの政治団体からの献金と虚偽記載したとして起訴された。大久保と国澤はいずれも有罪となった。

その後、東京地検特捜部は、小沢の元秘書石川知裕衆院議員を起訴した。小沢については検察は不起訴としたが、検察審査会が不起訴不当と2回決議し、強制起訴となったが、第一審、第二審と無罪となった。

③ 財団法人日本相撲協会事件

　力士、親方など数十名が暴力団を胴元とするプロ野球を対象とした野球賭博に関与したとして、2010年5月に週刊新潮に報じられ、当初否定していた相撲協会も6月に一定の関与を認めた。その結果、野球賭博29名、賭麻雀、ゴルフ、花札に36名が関与したと公表し、6月21日に、第三者による特別調査委員会を設置した。大関琴光喜と大嶽親方は解雇され、多くの関係者が処分された。8月12日に武蔵川理事長（元横綱三重ノ海）は辞任し放駒親方（元大関魁傑）が理事長となり、2011年1月26日には、元力士3名を含む4名が賭博開帳図利罪とその幇助で逮捕された。

④ 姉歯建築士（耐震偽装マンション事件・構造計算書偽造）問題

　2005年11月頃からに発覚した事件で、一級建築士姉歯が、国土交通大臣認定の構造計算ソフトウェアの計算結果を改ざんした形での構造計算書の偽装を行い、建築確認・検査を実施した行政及び民間の指定確認機関（イーホームズ）が見抜けず、承認した。建築基準法に定められた耐震基準を満たさないマンションやホテルなどが建築されていた。その関係者はマンションの注文者（ヒューザー）、建築請負会社（木村建設）、民間検査機関（イーホームズ）らであるが、姉歯建築士が偽装を行っていたことは当然としても、木村建設やヒューザーがそれを知っていたのか、イーホームズが建築確認の段階で発見できなかったのかが問題となった。木村建設もヒューザー社長も偽装は知っていた、建築確認の段階で偽装と知りつつ見逃した等という起訴事実は認められず、基本的には耐震偽装については姉歯が単独で行ったという事実認定になった。

　姉歯は、①藤沢市のマンション4棟、習志野のホテル等2棟の構造計算書の偽装（建築基準法違反）、②議院証言法違反（木村建設の元東京支店長から圧力を掛けられ偽装したとの証言）、③マンションの設計を受注するために他の建築士に一級建築士の名義を貸す（建築士法違反幇助）の3つで有罪となり、懲役5年、罰金180万円の刑となった。

第 2 章　コンプライアンスと企業の社会的な責任

（17）消費者問題

消費者問題も多くあるが、ここでは若干の紹介をする。

① 株式会社ベルーナ事件

2008 年 7 月頃発覚した事件で、呉服・宝飾品などの展示会でカタログ通販の顧客宅を訪問し、展示会への参加を勧誘したときに販売の意図を告げなかったばかりではなく、展示会場で来た客を数人で囲み、2、3 時間にわたりしつこく商品を勧めて購入させ、クーリングオフを主張されると、解約できない等の虚偽の説明をしたというものである。

② 安愚楽牧場事件（和牛預託詐欺）

安愚楽牧場は、繁殖母牛に出資すれば毎年生まれる子牛の売却代金で多額のリターンが望めるという触れ込みで出資者から金を集めるオーナー制度で資金を集めていたが、もともと、実際には保有する繁殖牛が少ないにもかかわらず、1 頭につき複数の番号を付けて頭数を水増ししており、実際には 6 万頭しかいないのに 9 〜 10 万頭の繁殖牛がいるという虚偽の説明、報告をしていた。オーナーへの配当は、本来の畜産事業からの売上額では到底まかなえないので、結局、オーナーへの支払額は、オーナーからの契約金収入から回されていたということになり、典型的な自転車操業であった。2011 年 8 月に東京地裁に民事再生法の適用の申請をし、事実上倒産した。経営悪化の原因としては、原発事故による契約解除の増加や和牛の価格の下落と説明しているが、実際には、従来から行ってきた出資金の一部を配当に回す自転車操業が、原発事故後の解約の増加で資金繰りが付かなくなったことが原因である。

旧経営幹部 3 名は、特定商品預託法違反の容疑で逮捕、元社長と元専務 2 名が起訴され、東京地裁は元社長に 3 年、元専務に 2 年 6 月の懲役刑の実刑判決を下したが、2014 年 10 月 17 日、東京高裁は、元社長に 2 年 6 か月、元専務に 2 年の減刑した判決を下した。

075

(18) 医学部の不祥事

① 東京医科大学

2007年に発覚した事件である。

東京医科大では、⑦2003年頃からの医療過誤問題が多発し、2007年の同大学八王子医療センターで実施されていた生体肝移植手術に関してその生存率が全国平均を大きく下回っていたこと（手術後1年生存率が全国平均で80%であるにもかかわらず、八王子医療センターの場合は60%前後であること）、⑦2006年9月から理事会と教授会の対立により約2年間という長期にわたる学長の不在状態が続いたこと、⑦茨城医療センターにおける@診療報酬加算の不正請求、⑥研究費問題（教職員が文部科学省研究費補助金を使用するについて、不正あるいは不適切な経理処理によっていたこと）、⑦学位謝礼問題（学位論文についての諸審査を経て学位授与決定を得た者が同決定後に指導教授並びに論文審査に当たった主査・副査に謝礼を贈っていたこと）等が問題となった。

同大学は、第三者委員会を設置して2010年7月に報告書を発表した。

② 東京女子医科大学

2001年3月に、東京女子医大で患者の心臓手術中に人工心肺装置の事故が起こり患者が3日後に死亡した。その後、手術中に人工心肺に血液がうまく抜き取れない異常が発生し、脱血不良で患者に脳障害が生じたという告発文書が遺族に届けられた。その死亡した事故の原因調査を遺族が大学に申し出たところ、大学側の内部文書では、「助手が吸引ポンプの回転を上昇させたことが原因である」という記載があったので、警察は、助手を業務上過失致死罪で逮捕し、同時に患者のカルテを改ざんしたとして講師を証拠隠滅罪（刑法104条）で逮捕した。厚労省は、2004年2月に特定機能病院の承認を取消した。助手は、一審判決、二審判決共に無罪となったが、講師は、有罪（懲役1年、執行猶予3年）が確定し、2005年2月に医業停止1年6か月の行政処分を受けた。

また、2013年2月、首の手術を受け、集中治療室（ICU）でプロポフォー

ルを投与された男児が死亡した。プロボフォールは添付文書の禁忌事項
として ICU で人工呼吸中の子供への投与は禁止されていた。

③ 慈恵医科大学

⑦ 青砥病院医療過誤事件

　2002 年、腹腔鏡を使って前立腺がん摘出手術を受けた男性が約 1
か月後に死亡したという事件で、当時の若い 3 人の泌尿器科の医師が
業務上致死傷罪で逮捕された。2006 年 6 月の判決では 3 人には手術
に必要な最低限の能力が無く、手術を避ける注意義務があった、手術
は無謀であったと 3 名に執行猶予付の有罪判決を下した。

⑦ 医師不同意堕胎事件

　2009 年 1 月、大学病院に勤務し、金沢市内の病院に出向していた
東海大学医学部出身の男性医師が、30 歳の看護師と交際しその女性
が妊娠したが、当時、別の女性との婚姻話が進み婚姻をした。その看
護師の女性が妊娠したことを知られると離婚になり得ることを恐れた
その医師は、その女性看護師に対して、数回にわたりビタミン剤と称
して子宮収縮剤を飲ませたほか、水分と栄養と称して収縮剤を点滴し、
陣痛誘発剤も使用して女性を流産させた。その男性医師は、不同意堕
胎罪（刑法 215 条 1 項）で起訴され、懲戒解雇されたうえ、懲役 3 年
執行猶予 5 年の有罪判決を受けた。また、2011 年 2 月、その男性医
師には医師免許取消処分が下された。

(19) NHK、公務員等

その他にも、民間企業ではないが、たくさんの不祥事がある。その一
部を紹介しよう。

① NHK

　ア．2004 年紅白歌合戦の担当プロデユーサーによる制作費の不正支
　　　出で着服（業務上横領の疑い）がかけられた。

　イ．2004 年 9 月 9 日に、衆議院総務委員会で海老沢勝二会長の参考

人招致につき、国会中継をしなかったことで、海老沢会長が謝罪した。しかし、視聴者の信頼を回復せず、受信料を支払わないものも増加していたにも拘わらず、なかなか会長が退職しないので、その事態の認識の甘さを非難され、70万件とも100万件とも言われる受信料の不払いが生じた（朝日新聞2005年3月16日社説）。ようやく海老沢会長は、2005年1月25日に退職したが、顧問に就任し、多額の退職金と顧問料が支払われると報じられ、批判を浴びてすぐ辞任した。

ウ．さらに、2014年に籾井新会長の政治的中立性を疑わせる発言があり、非難を浴びた（13頁 *10参照）。

② 社会保険庁

2004年3月、国民年金保険料未納問題で、厚生労働省のポスターに登場した江角マキコが保険料を納めていなかったこと、多くの政治家が保険料を納めていない時期があったこと等が発端となり、国民の年金問題が揺れている中で、国民年金の保険料未納37%、有資格のパートの未加入問題、リゾート施設の赤字経営、随意契約で市価を上回って買い付けた資材、職員のゴルフ練習用のボール、クラブの保険料での購入、年金の過払い、多くの職員が未納情報等の業務目的外閲覧を行い、個人情報の漏洩等が指摘されており、社会保険庁の職員と管理職合計513名が懲戒処分になり、さらに社会保険庁の幹部職員が収賄罪で逮捕された。2004年7月、損保ジャパンの副社長であった村瀬清司が民間出身者として初めて社会保険庁の長官となった。

2006年5月、全国各地の社会保険事務所が国民年金保険料の不正免除を行っていることが発覚した。その不正免除の数は、最終的に22万2,587件にのぼった。2007年8月には、愛知県内8箇所の社会保険事務所が健康保険や厚生年金の保険料を滞納した事業所に対して課される延滞金を不正に減額し、総額で約6,800万円にのぼるものとされた。

2007年5月、社会保険庁のオンライン化した時のコンピューター入力にミスや不備が多いことや基礎年金番号への未統合のままの年金番号

078

が多いことが明らかになった。また、労働組合（自治労）が社会保険庁のオンライン化に反対し、実施に対して労働強化を生じさせないことの覚書を取り交わしていたことが問題視された。

社会保険庁は、2008年10月に健康保険の新たな保険者である「全国健康保険協会」（特別法の法人）、健康保険医療機関の指導監督等の部門として「地方厚生局」を設置し社会保険庁から分離した。2010年1月、公的年金の運営業務を担う機関として「日本年金機構」、公的年金の財政責任・管理運営責任を担う部署は厚生労働省に、船員保険を「全国社会保険協会」に移管し、社会保険庁は廃止となった。

③ 大蔵省

1998年1月、東京地検特捜部は、日本道路公団の外債発行幹事証券会社の選定に際し、野村證券から贈賄があったとして、公団経理担当理事（大蔵省OB）と野村證券の元副社長らを贈賄で逮捕した。また、同年3月、大蔵官僚2名が野村證券への便宜供与と収賄で逮捕された。

その他、1998年に大蔵省接待汚職事件としてノーパンしゃぶしゃぶ（ローラン）事件がある。

④ 日本銀行

1998年3月11日、日本興業銀行と三和銀行から高額な接待の見返りに、金融動向に絡む日銀機密情報を公表前に流したり、新しい資金取引への入札参加を認めたりするなどの便宜を図ったとして、吉澤営業局証券課長が収賄で逮捕された。2004年11月、前橋支店の職員数名が紙幣のうち希少価値があるとされるゾロ目の紙幣4枚を抜き出し自らの紙幣と交換していたことが判明した。2004年12月にも、神戸支店でも同様の不祥事があったことが発覚した。2006年4月、日本銀行の職員の半数に航空機を利用した者にごまかしの清算があったことが発覚した。2008年3月、松江支店における内部資料がネットに流出しているという報告があり、調査したところ、支店職員が無断で資料を持ち帰り自宅のパソコンで作業していたことが判明し、停職1か月の処分を受け、退職した。

⑤ 厚生省（当時）

薬害エイズ事件は、1980 年代に主に血友病患者に対し、加熱などで
ウイルスを不活性化しなかった血液凝固因子製剤（非加熱製剤）を治療
に使用したことにより、多数の HIV 感染者やエイズ患者を生み出した。

民事事件では、1989 年 5 月に大阪で、10 月に東京で非加熱製剤を承
認した厚生省に対して損害賠償請求を求める訴訟が起こされたが、国は
薬害エイズ関係の資料をあくまでないと強弁してきたが、1996 年 2 月 9
日、菅直人厚生大臣はその資料が発見されたことを公表し、原告団に謝
罪した。そして同年 3 月 29 日に両地裁で和解が成立した。

刑事事件では、ミドリ十字の代表取締役ら 3 名と厚生官僚の松村、医
師安部英が起訴されたが、2000 年にミドリ十字の三被告人に実刑判決、
2001 年 3 月に安部に無罪判決、同年 9 月、松村には執行猶予付の有罪
判決が下された。

⑥ 外務省

外務省の職員、特に大使は破格の待遇であり、特別の高額な手当があ
り、年収 5,000 万円とか、7、8 年の海外勤務で蓄財 4,000 万円とかいっ
た高額の報酬であり、家族の生活費は官邸の費用で賄われるなどという
風評が報道された。また、逮捕された外務省西欧一課長浅川明男は、ホ
テルニューオータニにタダで宿泊していたというように公務員でありな
がらセレブな生活をしているという報道がなされた。

また、1972 年沖縄返還協定に絡んで、米軍による核兵器持ち込み、
軍用地の原状回復費用の肩代わり等沖縄密約問題で、毎日新聞の西山記
者は国家公務員法違反で有罪（懲役 6 か月、執行猶予 1 年）となったが、
アメリカ合衆国政府ではその密約の存在を示す書類が機密解除されてい
たが、日本政府（自民党政権）は 2010 年まで密約文書の存在を否定し
ていた。2009 年 11 月、民主党の岡田外務大臣は、「日米密約調査に関
する有識者委員会」を設置し 2010 年 3 月、有識者委員会は、密約が存
在していたことを認めた。また、西山記者らを指示するジャーナリスト

有志は外交文書の開示と損害賠償を求める訴えを提起し、2010 年 4 月
東京地裁は文書開示決定を出したが、高裁、最高裁は逆転で文書開示を
認めない旨の判断を下した。

⑦ 農水省

ア. 鳥インフルエンザ問題

2004 年 2 月に、養鶏場の鶏が鳥インフルエンザに大量に罹患し
て多数が死亡している状態であったのに、浅田農園は、保健所に届
出をせずに、そのインフルエンザに罹患していた鶏の産んだ卵を出
荷していた。会長夫婦は自殺し、会社は届出を怠ったとして家畜伝
染病予防法違反で刑罰を科され、会社再建は断念され、解散した。

イ. 口蹄疫

2010 年春から夏にかけて口蹄疫が宮崎県内で大流行し、牛、豚、
水牛 28 万頭を殺処分としたが、畜産関連の損失は 1,400 億円、関
連損失は 950 億円と見られる。国の補償対象は 1,379 戸、補償額
528 億円であった。家畜伝染病予防法と口蹄疫に関する特定家畜伝
染病防疫指針に沿って対応が実施される。口蹄疫対策検証委員会は、
2010 年 11 月 24 日、国（農水省）の判断ミスと宮崎県の防疫イン
フラ整備の不備を指摘した。

⑧ 総務省

2007 年 2 月以降、国会の社会保険庁改革法案の審議中に社会保険庁
のオンライン化したデータ（コンピュータ入力した年金記録）にミスや
不備が多いことが問題となった。この年金記録問題では国会やマスコミ
において社会保険庁の年金記録の管理がずさんであると国民からの非難
を受けた。

基礎年金番号に未統合の記録が 5,000 万件あること、厚生年金の旧台
帳の記録の中にコンピューターに収録されていない記録があること、オ
ンラインシステム上に台帳の記録が正確に入力されていないものがある
こと、保険料を納めた本人の申立てがあるにもかかわらず保険料納付の

記録が台帳に記録されていないものがあること等が判明した。そして、2007年6月に政府は、社会保険庁や市町村に年金記録がなく、本人にも領収書等の証拠がない場合（消えた年金記録）には、全都道府県にある総務省行政評価局の相談窓口に設置する「年金記録確認第三者委員会」が年金を支給するか否かの総合的判断を示すことにした。また、総務省に「年金記録問題検証委員会」を設置し、外部有識者に問題化した年金記録の管理・事務処理について、経緯、原因、責任等の調査や検証を行わせた。2007年10月に報告書を出し、それには社会保険庁における多くの問題に対して、組織的に十分な改善対策が長期にわたって執られてこなかったことが今回の年金問題につながったとして、歴代の社会保険庁長官を初めとする幹部職員の責任は重いものとされた。

⑨ 海上保安庁

　2010年11月発覚したが、2010年9月7日、尖閣諸島沖で発生した中国漁船が海上保安庁の巡視船に衝突するという事件で　中国人船長が逮捕され、9月24日にその船長の釈放が決定し、翌日釈放したが、中国政府は強硬姿勢で日本政府に謝罪を要求してきた。政府は衝突の際のビデオ映像の一般公開を見送ったが、2010年11月に海上保安庁のある職員が動画投稿サイトに投稿し、それがネットに流れた。同年11月10日に、神戸海上保安部所属の海上保安官が自分が映像を流出させたと名乗り出て、逮捕はされず、「海保の職員なら誰でも見ることのできる状況だった。」と供述し、2011年1月21日、国家公務員法上守秘義務違反の容疑で書類送検されていたが、起訴猶予とされた。

　海上保安庁は2010年12月22日、その保安官を停職12ヵ月としたが、本人は同日退職した。

⑩ 特許庁

　2010年6月22日、特許庁の基幹システム再構築プロジェクトの入札関連情報を提供する見返りに、特許庁の職員が、NTTデータの職員から数百万円のタクシーチケットを受けとったとして逮捕された。その他、

第2章　コンプライアンスと企業の社会的な責任

同時期に2人の職員が、日立製作所と東芝ソリューションからタクシー代や飲食代の提供を受けた。

⑪ 防衛省

ア. 防衛施設庁談合事件

　アメリカ軍横田基地などの受変電設備や電機設置工事の競争入札をめぐり、防衛施設庁のOBである財団法人防衛施設技術協会理事長のほか、同庁技術審議官と前施設調査官2名が主導して官制談合が行われた。

　2006年1月30日に発覚し、2003年から2004年にかけて岩国飛行場滑走路移設工事、佐世保米軍基地関連工事、自衛隊中央病院、市ヶ谷庁舎の新空調工事について、防衛施設技術協会理事長と防衛施設庁官僚2名が競売入札妨害罪で逮捕された。官僚2名は起訴後に懲戒免職処分になり執行猶予付の懲役刑が、防衛施設技術協会理事長には実刑の判決が下された。

イ. 輸入代理店山田洋行事件

　防衛省もいろいろ不祥事はあるが、最大のものは山田洋行汚職事件である。

　2007年10月19日、マスコミ各紙により、守屋武昌が防衛事務次官在職中に、山田洋行の宮崎専務と年間数十回、計百数十回にわたってグループ企業のゴルフ場で接待を受け、関連企業の車両を利用して従業員が送迎を行っていたことが発覚した。その他、守屋に対しては、ネクタイ・ゴルフバックの提供、娘が海外の大学に入学するに際しての住居探しや生活用品の購入などの便宜を与えたとされる。

　さらに、山田洋行は、防衛庁長官の久間章生議員とも接触した。2007年10月、山田洋行は、日米平和・文化交流協会の秋山専務理事に対して、裏金から25万ドルを渡しており、これは、海外メーカーとの代理店契約を継続できるように秋山専務に依頼し、久間章生元

083

防衛大臣を通じて米国の元政府高官に対して支援を求める文書を秋山に託したものである。

その他、山田洋行は、輸入代理店として防衛省と数多くの契約を交わし、その一部につき、海外のメーカーの請求書を偽造・変造する手口で組織的・構造的に水増し請求を行ってきた。

ウ. 航空自衛隊事務用品発注官製談合事件

2008年3月、千葉県木更津市の航空自衛隊第一補給処において、2005年度から2008年度の4年間にわたって発注したオフィス用品の入札を巡って、官側が主導的に談合を進めていたことが発覚し、官制談合防止法違反に当たるとして公正取引委員会は防衛不祥事改善を勧告した。防衛省は、関連会社企業5社を12か月間の指名停止処分にし、処長ら22名を懲戒処分、監督責任として航空幕僚長以下28名を内規による訓戒に処した。

エ. 護衛艦たちかぜ事件

二等海曹が、複数の後輩の三等海曹の隊員に対して、2004年1月に護衛艦たちかぜ内の部屋に閉じこめ、猥褻画像の記録されたディスク多数を15万円で購入させた。同年6月には髪をパンチパーマにするように命じ、従わなかった者に対してはエアガンを多数打ち込んだ。被害者は遺書を2通残して電車に飛び込んで自殺した。海上自衛隊横須賀地方総監部は調査委員会を設置して調査を行い、調査報告書をまとめた。

その加害者である二等海曹は暴行罪と恐喝罪で起訴され、2005年1月、懲役2年6月執行猶予4年の有罪判決が下された。その二等海曹は懲戒免職処分とされた。

民事訴訟では、その自殺した被害者の両親が、二等海曹と国を被告として損害賠償請求をし、一審の横浜地裁判決（平成23年1月26日）は、自殺の予見性がなかったとして、暴行恐喝による精神的苦痛のみの慰謝料として440万円を認めるに止まったが、控

訴審の東京高裁（平成 26 年 4 月 23 日判決）は、国が隠していた
実施されたアンケート調査報告書が控訴審で開示された事が大き
な契機となって、自殺の予見可能性も肯定し、二等海曹と国に、7,350
万円の賠償責任を認めた。

⑫ 日本漢字能力検定協会

　2009 年 2 月、漢字検定協会の大久保昇理事長らが法人の利益を私物
化して問題となった。即ち、①大久保家の墓と同じ区画に亡くなった幹
部のための供養塔を 350 万円かけて建立したこと、②6 億 7,000 万円の
邸宅を漢字資料館の為と称して購入したが 5 年以上も用途を宅地から変
更していないこと、③理事長及び息子の大久保浩副理事長がそれぞれ社
長を務めるファミリー企業 4 社と総額 66 億円の取引をしていたが文科
省には報告をしなかった、というものである。

　理事長や副理事長、ファミリー企業から京都市内の自民・民主の国会
議員 4 名らの後援会・関連団体に 942 万円もの献金がなされていた。

　協会は、内部調査委員会を発足させ、調査したところ、その報告によ
ると、ファミリー企業 4 社はそれまでの 17 年間で総額 250 億円に及ぶ
業務委託契約は、協会の利益を不当に流出させているということであっ
た。協会は改善報告書を作成し、文部科学省に提出した。その内容は、
理事長、副理事長は辞任し、後任の理事長には鬼追明夫が就任する、実
態がないファミリー企業の 2 社との取引は止める、邸宅は売却する、供
養塔費用は理事長と副理事長が協会に支払う、というものであった。

　2009 年 6 月、京都地検は、大久保昇理事長と大久保浩副理事長を、
架空の損害、架空の業務委託で約 3 億円の損害を与えたものとして、背
任罪で起訴し、京都地裁は 2012 年 2 月 29 日、両名に対して懲役 2 年 6
月の実刑判決を下した。

⑬ JR

　ア．JR 西日本の脱線事故調査委員会への働きかけ

　　2005 年 4 月 25 日、兵庫県尼崎市内の福知山線塚口駅―尼崎駅間

で、福知山線の快速電車が脱線し、先頭2車両がマンションに激突し、大破し、107名が死亡、562名が負傷したという最大の脱線事故が起こった。事故原因は、超過速度での運転したことにある。この運転士は、直前の駅前の伊丹駅で停車位置をオーバーランしており、そのために発車時刻が遅れていたので、その遅れを取り戻そうと超過速度で走ったものと思われる。なお、この区間にはATS－P（自動列車停止装置）が設置されていなかった。なお、この運転士は、過去に運転ミスや苦情等で3回の日勤教育を受けていた。この日勤教育は現場を離れてのoff・jtで、精神論的な内容の教育であるために、従業員からはひどく嫌がられていた。

　2009年7月8日、神戸地方検察庁は、当時の安全担当役員であった山崎社長を業務上過失致死傷で在宅起訴した。起訴理由は、山崎氏が当該区間にATS-Pを設置すれば事故は防げたという趣旨の発言から、福知山線の線路付替えの危険性を認識していたということを理由とする。しかし、2009年10月22日、神戸第一検察審査会は、不起訴となった歴代の3人の社長についても業務上致死傷で起訴相当、それに対して神戸地検は不起訴処分としたが、神戸第一検察審査会は、2010年3月26日に再び起訴相当であると議決し、強制的に起訴されることになった。神戸地方裁判所は、2012年1月11日に、山崎前社長に無罪判決を、2013年9月27日には、歴代3社長について無罪の判決を、それぞれ言い渡した。

　ところで、航空・鉄道事故調査委員会が調査を行って2007年6月25日に中間報告書を提出したが、JR西日本は、2007年9月25日、事故当時鉄道本部長であった山崎前社長が調査委員の1名をおみやげ付きで接待し、事故の調査報告を有利にするように工作した。また、同年9月26日には、JR西日本東京本部の鈴木善也副本部長が、航空・鉄道事故調査委員会の委員に接触し、中間報告書の解説や日程を教えてもらっている。そのことが、2009年10月に発覚し、このように、JR西日本は、組織ぐるみで事故調査の委員に対して接触していた事が判明したのである。

イ．JR 北海道のレール異常放置

　JR 北海道では、2013 年 7 月に函館線での特急出火事故、同年 9 月に函館線で起きた貨物列車脱線事故が起き、さらに、その脱線事故が契機となり事故現場のレール幅が基準値以上に広がったまま約 1 年放置されていた状態であったことが発覚し、2013 年 9 月 23 日、野嶋社長はレールの広がりなどの異常値が 97 カ所あったのを放置していたと公表した。しかし、国による指示の下で再調査したところ、2013 年 11 月には外部の指摘で改ざんが発覚し、12 月には、脱線事故直後に点検数値が改ざんされた問題が発覚した。結局、放置箇所は 270 カ所に拡大した。

3.　企業の対策

　これらの不祥事は、確かに企業イメージを傷つけ、社会的信用は失墜する。そのため、内部から通報した労働者に対し、これまで内部情報の通報については、どちらかというと社内で冷たい視線を浴び、ひどい時には村八分にされてきた。しかし、企業が違法な行為をしながら、それを社員が明らかにしたとしてもそれを非難するのは本来全くのお門違いである。経営者としては、むしろ勇気を持って違法行為を暴いてくれたその社員に感謝すべきなのである。とは言っても、社員の感情としては、社名を傷つけたということでその社員に対する恨みが募るのが実情であろう。

　そこで、労働者が企業内の違法な行為に気づいた場合には、まず、企業内で対応する機会を与えることが必要である。企業内での自浄する機会も与えることなく、いきなり外部へ通報するというのは、やはり企業内の反発も大きく、その気持ちも理解できないわけではない。労働者は、労働契約上、企業に対して忠実義務・誠実義務を負っており、ことさら企業に不利益になるような行為をするべきではない。

企業としては、コンプライアンス経営の立場から不祥事は徹底的に防止し、違法行為が発生した場合には速やかにそれを是正し、再発するのを防止するべきである。労働者からの内部通報を力で押さえ込むことはできないし、また、押さえ込むべきではない。そのようなことをすれば、不祥事がまた不祥事を生むことにつながってしまう。サスペンスドラマではないが、犯罪行為を隠そうとして、また、更なる犯罪を犯すという愚を犯してはならない。

　犯罪行為・違法行為が見つかれば、それを外部に積極的に発表すべきか否かはその犯罪行為・違法行為の内容次第であるが、要は、企業内で隠すという行為は避けなければならない。

第3章

公益通報者保護法の概要

1. 目 的

2. 公益通報とは

3. 公益通報を受けた場合の措置

4. 解雇その他の不利益取扱の禁止

5. 公務員の取扱い

6. ガイドラインの内容

公益通報者保護法は 2004 年 6 月 14 日に可決成立し、2006 年 4 月 1 日施行となり、現在、見直し作業が進んでいるが、法改正の目処は立っていない。

1. 目　的

この法律の目的は、2つある（法1条）。
① 公益通報者の保護を図ること、
② 国民の生命、身体、財産その他の利益の保護にかかわる法令の遵守を図り、もって国民生活の安定及び社会経済の健全な発展に資すること

公益通報者の保護を図るためには、
ア．公益通報者の解雇の無効等の不利益取扱いの禁止を定めること、
イ．公益通報がなされた場合に事業者、行政機関が取るべき措置を定めること、
によるということになる。

　なお、いかに公益のためとはいえ、第三者の利益を無視するべきではないと考えられる。そのため法律は、公益通報をする労働者は、他人の正当な利益又は公共の利益を害することのないよう努めなければならないと定めている（法8条）。
　例えば、公益通報することによって他の社員のプライバシーや個人情報が公になってしまい、その他の社員はそれを望まない場合には、いかに公益のためと考えても自重しなければならない場合もある。

第3章　公益通報者保護法の概要

2. 公益通報とは

　公益通報の定義は次のとおりである（法2条）。即ち、次の（1）ないし（5）に該当することを言う。

(1) 労働者が、

(2) 不正の目的ではなく

(3) 労務提供先またはその役員、従業員について

(4) 犯罪行為・法令違反行為が生じ、または、まさに生じようとしている旨を

(5) 次の①ないし③のいずれかに通報すること

　　① 労務提供先、または、労務提供先が予め決めた者

　　② 行政機関

　　③ その他、事業者外部の者

(1) 労働者であること。

　公益通報の主体は、労働基準法の規定される労働者であり（労基法9条）、指揮命令下で労務を提供し、その対価である賃金を支払われている者をいう。

　正社員ばかりでなく、臨時社員、パートタイマー、アルバイト、嘱託社員などもその主体となる。また派遣労働者も含まれる。また、公務員も労働者に該当する（但し、身分の保障などの関係では他の法律（公務員法）が適用される）。また、船員も労働者に含まれる。

　さらに労基法が適用除外としている家事使用人についても本法では労働者に該当する。

　会社法の定める取締役、監査役などは労働者ではないが、日本企業の場合には従業員兼務役員が多く（例えば、取締役総務部長、取締役営業本部長等）、その場合には、労働者に該当する。勿論、契約形態が委任、請負、業務委託等というような名称であっても実態が労働者であれば当

091

然保護される。

(2) 不正の目的ではないこと。

これまでの内部告発は、内部の権力闘争や個人的な恨みに対する報復などのために多く行われてきた。

社内の敵、ライバル、嫌いな上司や嫌いな同僚をおとしめて、自分が勢力を拡大する、自分が優位に立つ等のために利用されるとしたら、まさに自分の利益のためであり、到底「公益」とは言えない。また、自己の利益のためでなく、要は会社に対する仕返し、報復のために会社や経営陣の信用を失墜させ、営業を妨害し、場合によっては会社を倒産させる事を目的とする場合も考えられるが、このような場合には他社に損害を与えることを目的とし自己の利益にはならないが全く生産的なものではなく、要は、その告発した者にとって気持ちのはけ口になるかもしれないが、だれにとってもプラスにならないことになり、このような非生産的な内容の通報は法的には保護し得ないことになる。

不正の目的でないとは、「不正の利益を得る目的、他人に損害を加える目的ではないこと」（2条1項本文）ということである。

「不正の利益を得る目的」というのは、通報を手段として金品の授受をするような場合を指す。

「他人に損害を加える目的」とは、その企業や役員、社員などの他人に対して財産上の損害や、社会的信用の失墜などの損害を加える目的の場合をさす。

問題は、公益目的でもあり、かつ、自己の利益のため、または企業などに損害を加える目的のためという場合であるが、その場合には、不正の目的ではないといえず、公益通報の要件は満たさないと考える。

(3) 労務提供先、またはその役員、従業員について

その通報しようという内容が、当該労務提供先、又は、その労務提供先の事業に従事する場合におけるその役員、従業員、代理人その他の者に関することであることが必要になる。

派遣労働者の場合は派遣先、請負契約などで他者の事業に従事する場合は他の事業者も含まれる。

この「請負契約その他の契約に基づいて事業を行う場合」の解釈は、そもそも請負契約ですから請負人やその配下の労働者が、注文者の指揮命令下で働くわけではないので公益通報の対象事実の対象者にするのが適切かどうかという問題もあるが、単純な請負契約ではなく、継続的な物品納入契約、清掃などの継続的な役務提供契約、コンサルティングのような継続的顧問契約のような場合は反復して労務を提供する関係にあり、対象者とされた。

これらの事業者及びその役員、従業員、代理人その他の者に関することが対象事実になる。

なお、会社、法人その他の団体、及び、事業を行う個人に関すること、及び、それらの役員、従業員、代理人その他の者がその事業に従事する場合であることが必要である。つまり、役員、従業員、代理人らに関する事柄であっても私生活上の行為であれば、たとえ犯罪行為や違法行為を行っていることを通報しても公益通報にはならない。例えば、私的に覚醒剤を使用しているとか、ストーカー行為を行っているとかいう行為は、刑事告発に該当することはあっても、公益通報には該当しない。

(4) 犯罪行為・法令違反行為が生じ、又は、生じようとしている旨を

公益通報の対象事実ですが、犯罪行為・法令違反行為が行われたこと、または、まさに犯罪行為・法令違反行為が行われようとしていることである。

具体的には、2条3項において、

「個人の生命又は身体の保護、消費者の利益の擁護、環境の保全、公正な競争の確保その他国民の利益の保護に関わる法律として別表に掲げるもの…に規定する罪の犯罪行為」（1号）と、

「別表に掲げる法律の規定に基づく処分に違反することが前号に掲げる事実となる場合における当該処分の理由とされている事実（当該処分の理由とされている事実が同表に掲げる法律の規定に基づく他の処分に

違反し、又は勧告等に従わない事実である場合における当該他の処分又は勧告等の理由とされている事実を含む）」（2号）と定められている。

　その別表は、刑法、食品衛生法、金融商品取引法、農林物資の規格化等に関する法律（JAS法）、大気汚染防止法、廃棄物処理法、個人情報保護法、以上を含め、通報対象となる法律は445（平成27年1月1日現在）も掲げられている。

　法2条3項1号に定めるのは、法令違反があれば、即、犯罪行為と定められている場合であり、法2条3項2号に定めるのは、法令違反があった場合にいきなり処罰の対象にするのではなく、行政機関による指示、命令、勧告等があり、その指示、命令、勧告等に従わない場合に犯罪行為として処罰されるような場合である。

　通報対象事実がまさに生じようとしている場合とは、通報対象事実の発生が切迫しており、発生する蓋然性が高い場合をいう。

（5）公益通報の通報先

　公益通報の通報先は3種類あるが、基本は、ア.労務提供先その他である。本来この公益通報はその労務提供先で解決するのが最も望ましいからである。イ.行政機関やウ.外部の者に通報するということは、その労務提供先からすれば、信用失墜につながりやすいということになり、好ましい事態ではない。

　そのため、イ.ウ.に通報する場合には厳しい要件が課されることになる。

ア．労務提供先、又は、労務提供先があらかじめ定めた者

　　労務提供先というのは、原則として、その雇用主ということであるが、派遣労働者であれば派遣先や、他の事業者と請負契約その他の契約に基づいて事業を行う場合において労働者がその事業者の事業に従事する場合はその他の事業者も含む（法2条1項1号ないし3号）。

　　その事業者又はその事業者が予め通報を受ける窓口と定めた場合に

は、その者に対して通報をするということになる。

　労務提供先等に対して、公益通報するための要件としては、次の@
⑥の2点である。
　　@　不正の目的ではないこと
　　⑥　通報対象事実が生じ、又は、まさに生じようとしていると思っ
　　　たこと

イ．行政機関に対する通報
　この行政機関とは、その通報対象事実について処分または勧告等を
する権限を有する機関ということになる。
　行政機関に対して、公益通報するための要件としては次の@⑥の2
点である。
　　@　不正の目的ではないこと
　　⑥　通報対象事実が生じ、または正に生じようとしていると信じ
　　　たことに相当の理由があること
　つまり、通報対象事実があると思っただけではなくて、ある程度の
根拠があることが必要であり、それなりの証拠があることが必要と解
される。但し、もともと対象事実は犯罪行為・違反行為であり、その
行っている主体はその証拠を隠そうとするのが通常であるから、この
相当の理由をあまりに厳密に解すると、行政機関への公益通報はでき
ないことになる。

ウ．その他の事業者外部の第三者
　その他の第三者とは、どのようなものか明確な定義はないが、法条
文上は、「その者に対し当該通報対象事実を通報することがその発生
若しくはこれによる被害拡大を防止するために必要であると認められ
る者（当該通報対象事実により被害を受け又は受けるおそれがある者
を含み、当該労務提供先の競争上の地位その他正当な利益を害するお
それがある者を除く）」とされており、被害者、被害を受ける恐れの
ある者や新聞社、テレビ局、出版社等マスコミ関係者ばかりではなく、

消費者団体、関連する民間 NGO、知人・友人などでもよいことになる。しかし、その労務提供先の競合会社や労務提供先に恨みを抱いている者などについては、その通報対象事実をネタにして競争上の優位な地位を築くのに利用したり、また、その通報対象事実を利用して恐喝したり、報復したりするように悪用されるおそれがあるために、公益通報の適正な通報先とはならず、法的には保護の対象とはならない。

　この場合の公益通報を行うための要件としては次のⓐ〜ⓒのとおりである。
　ⓐ　不正の目的ではないこと
　ⓑ　通報対象事実が生じ、または正に生じようとしていると信じたことに相当の理由があること
　ⓒ　次のいずれか一つに該当すること
　　ⅰ　内部や行政に通報すると不利益な取扱いを受けるおそれがある場合
　　ⅱ　内部通報では証拠隠滅のおそれがある場合
　　ⅲ　事業者から内部や行政に通報しないことを正当な理由がなく求められた場合
　　ⅳ　書面で内部通報後 20 日以内に調査を行う旨通知がない、又は、事業者が正当な理由がなく調査を行わない場合
　　ⅴ　人の生命、身体への危害が発生する急迫した危険がある場合
　ⓑの相当の理由については、イ.で述べたところと同様で、あまりに厳密な証拠を要件とすると、実際には公益通報は行われなくなる可能性がある。

3. 公益通報を受けた場合の措置

公益通報者から通報を受けた通報先は、次のように対応しなければな

らないように定められている。

（1）事業者の場合

　書面により公益通報者から公益通報をされた事業者は、その対象事実の中止その他是正のために必要と認める措置を採ったときはその旨を、その対象事実がないときはその旨を、その公益通報者に対して遅滞なく通知するように努めなければならない（法9条）。

（2）行政機関の場合

　公益通報をされた行政機関は、必要な調査を行い、通報対象事実があると認めるときは、法令に基づく措置その他適当な措置をとらなければならない（法10条1項）。

　その通報対象事実が犯罪行為を内容とする場合においては、その行政機関には司法警察職員や検察官、検察事務官などの捜査機関が当然含まれることになる。そのような犯罪行為を内容とする公益通報については、その場合には、公益通報の場合の措置（法10条1項）よりも刑事訴訟法の定める手続が優先になる（法10条2項）。

　なお、公務員は犯罪があると思料したときは告発する義務があることになるが（刑訴法239条2項）、そのため公務員は犯罪行為がなされたと判断したときは、公益通報もできるし、刑事告発もしなければならないということになる。この刑事告発と公益通報とは要件も異なるし、また告発が処罰を求める意思表示であり、公益通報は処罰を求める意思表示はないということで性格が異なっている。

　なお、公益通報が誤って処分又は勧告等を行う権限のない行政機関に対してなされたときは、その行政機関は、その公益通報者に対して当該通報についての処分又は勧告等する権限のある官庁を教示しなければならない（法11条）。

4. 解雇その他の不利益取扱の禁止

　労働者が、正しいこととは思っていても公益通報するということはなかなか勇気のいることである。その通報対象事実の内容が企業にとって好ましくないものであれば、企業から解雇されないか、不利益な取扱いをされないか、事実上の村八分等の不利益取り扱いを受けないか等が懸念されなかなか公益通報には踏みきれないことが多い。

　そこで、公益通報者保護法はこの法律の要件に適した公益通報に対しては解雇その他の不利益取扱を禁止している。しかし、そうであるからといって、事実上の白眼視、村八分は消えないかもしれないし、違法とは言えない程度の不利益は否定できないかもしれない。

　また、匿名による通報は、法の予定しているところではないので、このような法的な保護は受けられない。

（1）公益通報者に対する解雇の無効

　公益通報者が、この法律の要件に適する公益通報をしたことを理由に、事業者が行った解雇は無効となる（法3条）。

　このような規定がなくとも、公益通報を理由とすることが明らかである場合にはその解雇が無効であることは当然であるが、労働契約法16条は、「解雇は、客観的に合理的な理由を欠き、社会通念上相当であると認められない場合は、権利を濫用したものとして無効とする。」と定めているに過ぎず、どういう場合が客観的に合理的な理由を欠くのか、社会通念上相当と認められないのはどういう場合かについての定めはなく、要は、具体的な中身は白紙で、後は裁判例の積み重ねに委ねているわけであり、一見すれば、公益通報したことが解雇の理由にはならないことが明白ではないので、念のために規定したというのに過ぎない。

（2）労働者派遣契約の解除の無効

　派遣労働者が派遣先に関連して公益通報を行った事を理由として、派

遣先は、派遣元事業主との間の労働者派遣契約を解除することはできない（法4条）。

労働者派遣契約は、労働契約と異なり商取引の契約であり、解雇のように派遣契約の解除について正当理由は必要ではなく、たとえ派遣先の一方的な事情により解除したい場合でも、派遣契約で定められている一定の手続を履践すれば契約解除できるが、この規定は、公益通報を行ったということでは労働者派遣契約の解除はできないということである。

なお、契約解除ではなく、派遣先から派遣元事業主へ派遣労働者を替えろという要求があった場合、これは契約の解除ではないにしても、次のその他の不利益な取扱いに該当するものと解され、禁止される（法5条2項）。従って、派遣先からの公益通報を理由とする派遣労働者を替えよという要求には応じなくてよい。

その他、請負契約、委任契約、業務委託契約、物品納入契約その他の契約に基づいて事業を行う場合についても、その注文者、委託者等に関連して公益通報した場合に、それを理由に請負契約や業務委託契約を打ち切られた場合については規定はない。したがって、そのことを理由に注文者や委託者が契約を解除する場合については、元々これらの契約には公益通報したことをもって契約解除できるという規定が定められるはずはないし（そのような解除事由が定められていれば公序良俗に反して無効と考えられる）、契約の解除について一般的な債務不履行として公益通報をしたことは該当しないのでそのことをもって法定の債務不履行に該当するとは考えられない。したがって、解除の理由にできないと定めるまでもないと考えたのではないかと思われる。

但し、事実上は、公益通報をしたことによって、その業者との請負契約が打ち切られたり、また、その通報した者がその業者から解雇されるということもあり得るので、これらの場合も不利益取扱いの禁止として取上げるという選択肢もあろう。

(3) その他の不利益取扱いの禁止

　労働者が公益通報した場合の解雇以外の不利益取扱いは、禁止される（法5条1項）。法条文は「降格、減給、その他の不利益取扱い」と記載してあるが、雇止め、降格、報復的な人事異動（転勤、出向など）、降給、減給、人事考課の低査定、賞与の低査定等が考えられるが、公益通報を理由とする以上は禁止される。

　労働者派遣の場合には、（2）で述べたように派遣契約は継続するけれども公益通報した派遣労働者を替えるよう派遣先から求められることがあり得るが、派遣先はそれを禁止される。その他にも派遣労働者の労働時間数を短くするとか、派遣日数を減らすとか、派遣期間を短くするなどの不利益な取扱いも考えられるが、いずれも、禁止される（5条2項）。

　請負契約や業務委託契約の場合には、公益通報したことが法定の債務不履行とは考えられないことから、不利益扱いもありえないということで、不利益取扱いの禁止の定めはないが、立法政策としては不利益取扱いとして禁止することも考えられよう。

(4) 他の不利益取扱の禁止規定との関係

　公益通報者保護法では、公益通報をした労働者の保護のために解雇その他の不利益取扱いを禁止しているが、これまでも解雇その他の不利益取扱いを禁止している法律がある。その場合には、それらの規定は、公益通報をしたことを理由とする解雇、その他の不利益取扱いは、法3条ないし5条の規定の適用の有無にかかわらず、適用されることになる（法6条）。

　どのような規定があるかといえば、
① 解雇の正当事由の必要性を定めた労働契約法16条
② 労基法違反等の事実がある場合に労働者が労働基準監督官に申告した場合の解雇その他の不利益取扱いの禁止を定めた労基法104条

③ 労働安全衛生法違反等の事実がある場合に労働者が労働基準監督官等に申告した場合の解雇その他の不利益取扱いを禁止した労働安全衛生法 97 条

④ じん肺法違反等の事実がある場合に労働者が労働基準監督官などに申告した場合の解雇その他の不利益取扱いを禁止したじん肺法 43 条の 2

⑤ 鉱山保安法の違反等の事実がある場合に鉱山労働者が鉱務監督官などに申告した場合の解雇その他の不利益取扱いを禁止した鉱山保安法 50 条

⑥ 精錬業者、加工業者、原子炉設置者、使用済燃料貯蔵事業者、再処理事業者、廃棄事業者、使用者が原子炉等規制法違反等の事実がある場合に、従業者はその事実を主務大臣、原子力安全委員会に申告することができ、その従業者に対して解雇その他不利益取扱いをしてはならないと定める原子炉等規制法（核原料物質、核燃料物質及び原子炉の規制に関する法律）66 条の 4

等である。

5. 公務員の取扱い

公務員についても、この公益通報者保護法の適用はある。

従って、同じ要件を満たした公益通報については、同様に保護されるが、免職その他の不利益取扱いの禁止については、法 3 条ないし 5 条によるものではなく、国家公務員法、地方公務員法、裁判所職員臨時措置法、国会職員法、自衛隊法等の定めによることになるということである。

公務員については、これらの法律において身分の保障や懲戒事由が法定されているし、また、公務員の場合には職務を行うことにより犯罪があると思料するときは、告発をしなければならない（刑訴法 239 条 2 項）と定められている。従って、公益通報をしたことを理由として解雇その他の不利益取り扱いを受けることは考えにくい。

101

そこで、その趣旨を明確にするために、任命権者らは公益通報を理由として免職その他不利益な取扱いがなされないように公務員法制を適用しなければならないと定められた（法7条）。

6. ガイドラインの内容

　公益通報者保護法に関連するガイドラインとしては、①「国の行政機関の通報処理ガイドライン（外部の労働者からの通報）」、②「国の行政機関の通報処理ガイドライン（内部の職員等からの通報）」、③「公益通報者保護に関する民間事業者向けガイドライン」がある（巻末の資料参照）。ここでは③について簡単に紹介しよう。

　③の民間事業者向けガイドラインの内容は、次のとおりである。

1. 事業者内の通報処理の仕組みの整備

　公益通報がなされた場合、受付から、調査、是正措置の実施、再発防止策の策定までを適切に処理するまで、部署ごとではなく横断的な通報処理システムを作ることが必要であり、かつ、そのためには経営幹部が責任者にならなくては潤滑な仕組みとならないことを述べている。

　そして、①通報窓口及び受付の方法を明確に定め、それらを労働者等に十分周知すること、②通報処理の仕組みについての相談窓口を設置すること、③通報処理の仕組みを内部規定に明記すること、④情報を共有する範囲を限定し、秘密の保持を徹底すること、④受付担当者や調査担当者らが自ら関係する通報事案の処理には関与しないことが定められている。

2. 通報の受付

① 通報の到達を確認し得ない方法で通報をした者に対して、通報を

受け付けた場合には、速やかに通報者に対して受領した旨を通知する。

② その通報について調査が必要であるか否かについて、公正に検討し、今後の対応について通報者に通知するように努めることが必要である。

③ 通報の受付方法としては、通報者の秘密を守ることが必要である。

等が定められている。

3. 調査の実施

① 調査の実施に当たっては、通報者の秘密を守るため、通報者が特定されないように設置すること。

② 調査中は調査の進捗状況について適宜通報者に通知するとともに、調査結果は可及的速やかに取りまとめ、通報者に対し、結果を通知すること。

③ 調査の経過や結果を通報者に通知するのであれば、通報者や調査に協力した者の信用、名誉、プライバシーに配慮すること。

等が定められている。

4. 是正措置の実施

調査の結果、法令違反等が明らかになった場合は、速やかに是正措置及び再発防止策を講じることが必要であり、必要に応じて関係者の社内処分や関係行政機関への報告も行う必要があること、また、是正結果については、被通報者や調査に協力した者の信用や名誉、プライバシーに配慮しつつ、通報者に通知することなどが、定められている。

5. 解雇その他の不利益取扱いの禁止

法3条、5条に定めているとおり。

6. フォローアップ

事業者は法令違反が再発していないか、是正措置・再発防止措置が

十分機能していないか、通報者に対する不利益取扱いや嫌がらせが行われていないか等をフォローアップすることが必要である、ということなどが定められている。

7. その他

通報処理の仕組みやコンプライアンスの重要性について、社内通達、研修等により十分に周知することが必要である、ということなどが定められている。

第4章

公益通報に関する
裁判例と留意事項

1. 裁判例の紹介

2. 企業の考慮すべき留意点

1. 裁判例の紹介

これまで、公益通報制度のない中で、労働者がその勤務先である企業や、その経営者、職制が違法な行為を行っている等と批判したり、そのことを行政や他の外部へ通報したりしたことが発端となって、企業がその労働者に対して解雇その他の不利益取扱いをしたことの有効性が争われた裁判例も、多くはないが存在する。

(1) 関西電力事件（最高裁昭和 58 年 9 月 8 日判決、大阪高裁昭和 53 年 6 月 29 日判決）

公益通報の事案ではなく、社員が勤務時間外に会社敷地外（社宅）で会社を誹謗中傷したビラを配布したということで、会社が譴責の懲戒処分に課したという事案であるが、社員の忠実義務が肯定され、懲戒処分は有効とされたという事案でもある。

社員は、いかに個人的に会社の経営方針に不満があったとしても、会社に不利なことを行うと懲戒処分になることもあるということで参考になる。これまで、内部からの告発は会社に対する忠実義務に違反するということで圧力がかかっていたということはあろうが、適法な公益通報であれば、勿論、忠実義務違反にはならない。

(2) 首都圏高速道路公団事件（東京地裁平成 9 年 5 月 22 日判決）

神奈川県知事が計画決定し、被告公団が事業者となって実施することになっていた川崎縦貫道建設工事につき、原告が被告の職員として在職中に、用地確保、維持管理費等の観点から批判をして、他のルートにすべきであるとの意見を新聞紙上に発表したことにつき、停職 3 か月の懲戒処分にしたが、投書の内容に不適当な部分があること、被告公団の名称や職名を使用した投書であったこと、投書が市議会に取り上げられたことにより協議会メンバーより激しい非難が行われ、反対運動が再燃し

たこと等から、誠実義務に反する行為として懲戒処分を有効と判断した。

(3) 千代田生命保険（退任役員守秘義務）事件（東京地裁平成11年2月15日判決）

　元常務取締役が、社長の失脚を企図して大衆週刊誌の記者に守秘義務に当たる事項まで告知して、平成4年7月から9月にわたって情報提供してその雑誌に掲載されたので、生保会社が損害賠償請求をしたという事案で、判決は、次のように判断して巨額2億5,000万円もの請求を認めた。

　「Yが記者に提供した情報は、生命保険会社として守秘義務のある特定融資先との融資取引の内容やX生命内の人事問題、経営に係る社内の稟議の内容であり、これらのいわゆる会社の内部情報が公表されれば、会社の業務執行に支障を来すことは明らかであり、これらの情報は、会社の機密に属する事項として法的保護の対象になるということである。

　…本件各記事がX生命の醜聞を取り上げたものであり、その内容がX生命の名誉信用を毀損することは明らかである。…各記事は、Yの提供した情報を元役員、関係者又は内部告発者のコメントとして、括弧書きで、発言をそのままの形で引用掲載し、…本件情報漏洩と本件各記事による名誉毀損との間には、相当因果関係があるというべきである。」

(4) 三和銀行事件（大阪地裁平成12年4月17日判決）

　原告Xら19名は労働組合の組合内少数派であるが、「トップ銀行のわれら闇犯罪を照らす告発する銀行マン」と題する手記を出版し、賃金差別、男女差別、サービス残業の日常化、不当配転等Y社の経営姿勢や労働実態について記述したが、Y社は、Y社を誹謗・中傷するものであり、虚偽または著しく事実を歪曲した表現があるとして、名誉毀損があるとして原告らを譴責処分としたところ、判決は、形式的には懲戒処分に該当するとしても、「主として労働条件の改善等を目的とする出版物については、当該記載が真実である場合、真実と信じる相当の理由がある場合、あるいは労働者の使用者に対する批判行為として正当な行為と評価されるものについてまで、これを懲戒の対象にするのは相当でな

い。」として、さらに、「本件出版物の記載の中の大部分の記載について
は、Xらが自ら体験した事実をもとに記載されており、右事実について、
Y社の経営方針等に反対する活動を長年行ってきたXらなりの評価を
記載したものである。むろん、事実と認められる部分についても、それ
らがXらの独特の評価と結びつき、Xらの主張する差別や嫌がらせ、Y
社の諸制度の不当性を裏付ける記載となっているのであるが、差別や不
当配転を記載した部分については、Xらがその存在を信じる相当の理由
があったと言わなければならないし、Y社の経営姿勢や諸制度を批判す
ること自体は、労働者の批判行為として正当なものであり、…その表現
にはやや不当な部分があることを併せ考慮しても、問題とする部分は僅
かで…、懲戒処分は処分の相当性を欠き」、無効と判断した。

(5) 宮崎信用金庫事件（宮崎地裁平成12年9月25日判決、福岡高裁宮崎支部平成14年7月2日判決）

　労働組合の副委員長であり、かつ、本店貸付係担当係長、本店営業部
得意先係である原告2名が、金庫の中での特定の顧客と支店職員の不正
な関係の疑惑、その顧客に対し他の顧客への融資を介した迂回融資では
ないかという疑惑、前理事長の情実融資、迂回融資の疑惑等を暴くため
に、コンピューターにアクセスして信用情報をプリントアウトし、また、
金庫が管理する管理文書の原本を複写して取得するなどをして資料収集
し、金庫との三役交渉の席で疑惑の追及をした。そして、さらにその両
名は、その資料を衆議院議員の公設秘書と宮崎県警に提出したが、どう
いうルートか不明であるが、その資料が外部に流出し、かつて銀行取引
停止処分を受けたことのある者がその資料を持参して金庫の会長に会っ
て手渡し、当座預金の開設を要求するという事態になった。金庫は、原
告2名の行為は窃盗行為であり、しかもその資料は金融機関にとって顧
客に対する関係で高度の秘密保持義務を負う内容であるとして、懲戒解
雇処分にした。

　第一審判決は、次のように述べて、本件懲戒解雇を有効とした。

　「原告らの行為は、勤務時間中に、業務遂行のために交付されたオペ

レーターカードを使用して、自己使用目的で、業務とは無関係に顧客に関する信用情報を収集したものであって、顧客の被告に対する信頼を裏切るものであり、このような行為が自由に行われることになれば、収集した資料の管理が個人に委ねられる結果として故意又は過失による顧客の情報の外部流出を招き、顧客の信用及び被告に対する信頼に重大な影響を招き、顧客の信用及び被告に対する信頼に重大な影響を及ぼし、被告の存立を脅かすに至る事態が生じかねない。したがって、原告らの行為は、金融機関の職員として、重大な規律違反行為といわざるを得ない。

原告らが被告内部の不正を糺したいとの正当な動機を有していたとしても、その実現には、社会通念上許容される限度内での適切な手段方法によるべきであり、右行為を容認する余地はない。」

ところが、控訴審判決は、この判断を覆した。その理由の多くは、金庫の就業規則の懲戒解雇事由について制限的な解釈をして本件の原告らの行為はそれに該当しない、また、該当するとしてもこれらの行為の違法性が減殺されるような事案であることからすると懲戒解雇処分は重いというものあるが、このうち、不正疑惑の解明について述べているところを紹介する。

「そうすると、控訴人（原告）らはもっぱら被控訴人（被告）内部の不正疑惑を解明する目的で行動していたもので、実際に疑惑解明につながったケースもあり、内部の不正を糺すという観点からはむしろ被控訴人の利益に合致するところもあったというべきところ、上記の懲戒解雇事由への該当が問題となる控訴人らの各行為もその一環としてされたものと認められるから、そのことによって直ちに控訴人らの行為が懲戒解雇事由に該当しなくなるとまでいえるかどうかはともかく、各行為の違法性が大きく減殺されることは明らかである。」

このように、裁判官によっても価値判断の分かれる難しい事案である。

（6）大阪いずみ市民生協事件（大阪地裁堺支部平成 15 年 6 月 18 日判決）

生協の職員である 3 名（役員室室長、総務部次長、共同購入部次長）

が、生協の元副理事長、元専務理事が生協を私物化している、背信行為をしているとして、生協の総代会の総代ら500人以上の者に対して、告発文書を匿名で送付し、そのため、生協は3名のうち、2名を懲戒解雇、1名を出勤停止かつ配転という処分にした。

解雇された2名は地位保全の仮処分を起こしてそれが認められたので生協に復帰したが、元副理事長、元専務理事らの行った処分が内部告発に対する報復を目的としたものであり、名誉毀損に当たるとして、3名の職員は本件損害賠償請求を起こした。結果は、損害賠償請求は認められた。

判決は複雑で多岐にわたるが、ここでは、以下のとおり、内部告発が適法なものと認められる場合について言及した部分を紹介する。

「本件のようないわゆる内部告発においては、これが虚偽事実により占められているなど、その内容が不当である場合には、内部告発の対象となった組織体等の名誉、信用等に大きな打撃を受ける危険性がある一方、これが真実を含む場合には、そうした組織体等の運営方法等の改善の契機ともなりうるものであること、内部告発を行う者の人格権ないしは人格的利益や表現の自由等との調整の必要も存することなどからすれば、内部告発の内容の根幹的部分が真実ないしは内部告発者において真実と信じるについて相当な理由があるか、内部告発の目的が公益性を有するか、内部告発の内容自体の当該組織体等にとっての重要性、内部告発の手段・方法の相当性等を総合的に考慮して、当該内部告発が正当と認められた場合には、当該組織体等としては、内部告発者に対し、当該内部告発により、仮に名誉、信用等を毀損されたとしても、これを理由として懲戒解雇をすることは許されないものと解するのが相当である。」

（7）トナミ運輸事件（富山地裁平成17年2月22日判決）

原告は、被告会社がヤミカルテルを締結していることなどの不正な行為についてを、副社長、岐阜営業所長に直訴したが聞き入れられないので、読売新聞社、公正取引委員会、日消連、労働組合などに通報した。その以後、原告は教育研究所に異動を命じられ、長年にわたって2階に

第4章　公益通報に関する裁判例と留意事項

1人で隔離され、極めて補助的な雑務しか与えられず、退職を強要され、さらには約30年間昇格なしという状況であった。原告は、慰謝料、他の社員との賃金格差による賃金相当額の損害賠償を求め、判決は、その取扱いの違法であることを認め、1,300万円余の損害賠償請求を認めた。

　事案は複雑で、また長文であるが、以下のとおり、内部通報の正当性について論じたところを紹介する。

　「…被告が、現実に、①他の同業者と共同して本件ヤミカルテルを結んでいたこと及び②容積品の最低換算重量を正規の重量を超える重量に設定し、輸送距離の計算を最短距離で行わず遠回りの路線で行うなどして認可運賃を超える運賃を収受していたことが認められる。又、原告がこれらを違法又は不当と考えたことについても合理的な理由がある。したがって、内部告発に係る事実関係は真実であったか、少なくとも真実であると信じるに足りる合理的な理由があったのである。

　上記①の本件ヤミカルテルは公正かつ自由な競争を阻害しひいては顧客らの利益を損なうものであり、上記②はより直接的に顧客らの利益を害するものである。したがって、告発内容に公益性があることは明らかである。また、原告はこれらの是正を目的として内部告発していると認められ、原告が個人で、かつ被告に対して内部告発後直ぐに自己の関与を明らかにしていることに照らしても、およそ被告を加害するとか、告発によって私的な利益を得る目的があったとは認められない。なお、日消連にした上記②の内部告発については、被告に対する感情的反発もあったことがうかがえるが、…仮にこのような感情が併存していたとしても、基本的には公益を実現する目的であったと認める妨げとなるものではない。」

　「内部告発方法の妥当性についてみると、原告が最初に告発した先は全国紙の新聞紙である。報道機関は本件ヤミカルテルの是正を図るために必要なものとはいうものの、告発に係る違法な行為の内容が不特定多数に広がることが容易に予測され、少なくとも短期的には被告に打撃を与える可能性があることからすると、労働契約において要請される信頼関係の維持の観点から、ある程度被告の被る不利益にも配慮することが

111

必要である。」

　「そこで、原告が行った被告内部での是正努力についてみると、…（副社長、岐阜営業所長への直訴について）…以上によれば、原告が行った…行為そのものでは、本件ヤミカルテルを是正するための内部努力としてはやや不十分であったといわざるを得ない。

　しかし、他方、本件ヤミカルテル及び違法運賃収受は、被告が会社ぐるみで、さらには被告を含む運送業界全体で行われていたものである。このことは、被告が荷主移動禁止条項を破った業者に対して抗議に行こうとしたり、逆に荷主移動禁止条項を破った被告に同業者が抗議していた事実や、読売新聞に本件ヤミカルテルのうちの認可運賃枠内で最高額の運賃を統一して収受する旨の協定が存するとの記事が掲載された後、被告が従業員に対し荷主移動禁止条項の口外を禁じていることからも明らかである。このような状況からすると、管理職でもなく発言力も乏しかった原告が、仮に本件ヤミカルテルを是正するために被告内部で努力したとしても、被告が聞き入れて本件ヤミカルテルの廃止等のために何らかの措置を講じた可能性は極めて低かったと認められる。

　このような被告内部の当時の状況を考慮すると、原告が十分な内部努力をしないまま外部の報道機関に内部告発したことは無理からぬことというべきである。したがって、内部告発の方法が不当であるとまではいえない。

　以上のような事情、すなわち、告発に係る事実が真実であるか、真実であると信じるに足りる合理的な理由があること、告発内容に公益性が認められ、その動機も公益を実現する目的であること、告発方法が不当とまではいえないことを総合考慮すると、原告の内部告発は正当な行為であって法的保護に値するというべきである。」

(8) 千葉県がんセンター事件（千葉地裁平成25年12月11日判決、控訴審：東京高裁平成26年5月21日判決）

　麻酔医であった者が、そのセンターで実施する歯科医師による医科麻

酔科研修の問題点に関して上司であった医師を介さずにセンター長に上申したところ、それ以来、その上司から手術の麻酔担当を外され、結局、退職を余儀なくされたというものである。なお、その研修の問題点とは、歯科医師の医科麻酔科研修を歯科医師がやっていたことであり、さらに、問題の歯科医師は、歯科医師であるにもかかわらず単独で麻酔行為を行っているというものであり、医師法違反の可能性のある行為であって、現に、その上司と歯科医師は医師法違反で送検され起訴猶予処分を受けている。

判決は、勤務を外したのはその上司の報復であったと認定し、千葉県に対して、一審判決は 50 万円、控訴審判決は 30 万円の慰謝料の支払いを命じた。

2. 企業の考慮すべき留意点

（1）労務管理上の留意点

公益通報行為が外部になされた場合には、通報される企業にとっては非常に厳しい内容が多く、それ故に、通報者に対する企業内部の軋轢は凄まじいものがあると思われる。その通報対象事実が真実か否か、信じるに足りる相当な理由があるか否かは、結果として判明するわけであり、核心の当事者はともかく大半の労働者にとってはその公益通報者の主張が正しいのか、企業側の主張が正しいのか中々明白ではないと思われる。そうすると、どうしても外部へ通報した労働者にとって厳しくつらい対応がなされることが多いと思われる。企業にとって外部への公益通報は社会的な対応が厳しいが故に、企業としてはその通報対象事実を強く否認し、通報者に対する解雇や降格、出勤停止などの厳しい処分がなされる傾向にあった。

そればかりでなく、通報された企業側も、また、社内処分を受けた労働者側も互いに、刑事事件の告訴や民事の損害賠償請求などの訴えの提

起も考えられる（109頁の（6）大阪いずみ市民生協事件参照）。

つまり、公益通報という事実から離れて、二次的な紛争に発展する傾向が強いといえる。

そのようなことがないように、できれば、公益通報はまず企業内で解決できるようにしたいものである。勿論、内容によっては刑事犯罪になり、外部に出ざるを得ない性質のものが多いと思われるが、その場合でも、いきなり外部への通報ではなく、まず、企業内で検討する機会を持つのが良いと思われる。そのためには、「民間事業者向けガイドライン」の中にもあるように、相談窓口、受付窓口を設けて、その通報者の言い分をじっくりと聞く仕組みにすることが必要である。そして、仮に、そのような対象事実がある場合には、企業としては、それを隠さず、明らかにして是正していくという強い意志をもたなくてはならない。

（2）企業の隠蔽体質の打破

冒頭にあげた不祥事の事例でも明らかなように、これまでの不利な情報を隠蔽するという企業の体質が改善されなくてはならない。これは経営トップ自ら実践してもらう必要があり、経営トップの姿勢がそうでなければ、どうしてもその下にいる役員、労働者は、隠蔽体質から抜け出せない。不利な情報が隠されることなく、きちんと経営トップまで行くことが必要なのである。

末端従業員の不祥事は、企業全体の不祥事となり得るということを忘れてはならない。経営トップが不祥事を知らなかったといっても、外部の者はまず信用してはくれない。

（3）公益通報者の処分は慎重に

仮に、通報者の通報が真実でなかったり、公益通報の要件を満たしていないと考えられる場合でも、企業にダメージを与えたからということで感情的に処分してしまうことは避けなくてはならない。まず、その通報者である労働者に弁明の機会を与えて主張をよく聞くこと、そして、そのように信じたことに相当の理由があるのかについてもよく確認しな

くてはならない。

宮崎信用金庫事件の高裁判決のように、企業の有する信用情報を勝手にアウトプットしたり、機密の資料を勝手に謄写してしまうような事案についてでさえ、その目的次第では懲戒解雇が無効であると判断されることもあるのである。

(4) 調査組織の強化

その通報事実が真実であるか否かについては、外部から調査するとは別に、できれば事前に企業内できちんと調査をする必要がある。そのためには、物的にも質的にも調査能力がある組織が担当しなければならない。往々にして、社外取締役、社外監査役個人にそれを期待する傾向があるようであるが、評価的な観点からの質的な面は期待はできても、物的な面、時間的な面は多くを期待はできないと思われる。やはり過大な期待はできない。

そのため、企業内部での公益通報があった場合、通報事実についての調査組織が必要であり、その組織をつくる場合には、中立性を保障するために、労働組合の役員や労働者の代表も参加させることを考えてみるのも有用と思われる。

以上

＜ 参 照 ＞

1. 国の行政機関の通報処理ガイドライン（内部の職員等からの通報）
   （平成 17 年 7 月 19 日関係省庁申合せ、平成 26 年 6 月 23 日一部改正）

2. 国の行政機関の通報処理ガイドライン（外部の労働者からの通報）
   （平成 17 年 7 月 19 日関係省庁申合せ、平成 23 年 3 月 18 日一部改正、
   平成 26 年 6 月 23 日一部改正）

3. 民間事業者向けのガイドライン
   （平成 17 年 7 月 19 日内閣府国民生活局）

資　料

【五十音順】

通報対象となる法律一覧（445本）

（平成 27 年 1 月 1 日現在）

	法　　律　　名
あ	愛がん動物用飼料の安全性の確保に関する法律（平成二十年法律第八十三号）
	悪臭防止法（昭和四十六年法律第九十一号）
	あへん法（昭和二十九年法律第七十一号）
	奄美群島振興開発特別措置法（昭和二十九年法律第百八十九号）
	アルコール事業法（平成十二年法律第三十六号）
	安全な血液製剤の安定供給の確保等に関する法律（昭和三十一年法律第百六十号）
	あん摩マツサージ指圧師、はり師、きゆう師等に関する法律（昭和二十二年法律第二百十七号
い	育児休業、介護休業等育児又は家族介護を行う労働者の福祉に関する法律（平成三年法律第七十六号）
	遺失物法（平成十八年法律第七十三号）
	医師法（昭和二十三年法律第二百一号）
	意匠法（昭和三十四年法律第百二十五号）
	移植に用いる造血幹細胞の適切な提供の推進に関する法律（平成二十四年法律第九十号）
	石綿による健康被害の救済に関する法律（平成十八年法律第四号）
	一般社団法人及び一般財団法人に関する法律（平成十八年法律第四十八号）
	遺伝子組換え生物等の使用等の規制による生物の多様性の確保に関する法律（平成十五年法律第九十七号）
	医療法（昭和二十三年法律第二百五号）
	インターネット異性紹介事業を利用して児童を誘引する行為の規制等に関する法律（平成十五年法律第八十三号）
う	牛の個体識別のための情報の管理及び伝達に関する特別措置法（平成十五年法律第七十二号）

通報対象となる法律一覧

	法　律　名
え	栄養士法（昭和二十二年法律第二百四十五号）
	液化石油ガスの保安の確保及び取引の適正化に関する法律（昭和四十二年法律第百四十九号）
	エコツーリズム推進法（平成十九年法律第百五号）
お	小笠原諸島振興開発特別措置法（昭和四十四年法律第七十九号）
	卸売市場法（昭和四十六年法律第三十五号）
	温泉法（昭和二十三年法律第百二十五号）
か	外国医師等が行う臨床修練等に係る医師法第十七条等の特例等に関する法律（昭和六十二年法律第二十九号）
	外国為替及び外国貿易法（昭和二十四年法律第二百二十八号）
	外国人漁業の規制に関する法律（昭和四十二年法律第六十号）
	外国船舶製造事業者による船舶の不当廉価建造契約の防止に関する法律（平成八年法律第七十一号）
	外国倒産処理手続の承認援助に関する法律（平成十二年法律第百二十九号）
	外国弁護士による法律事務の取扱いに関する特別措置法（昭和六十一年法律第六十六号）
	介護保険法（平成九年法律第百二十三号）
	介護労働者の雇用管理の改善等に関する法律（平成四年法律第六十三号）
	会社更生法（平成十四年法律第百五十四号）
	会社法（平成十七年法律第八十六号）
	海上運送法（昭和二十四年法律第百八十七号）
	海上交通安全法（昭和四十七年法律第百十五号）
	海賊行為の処罰及び海賊行為への対処に関する法律（平成二十一年法律第五十五号）
	海洋汚染等及び海上災害の防止に関する法律（昭和四十五年法律第百三十六号）

119

法　律　名
海洋構築物等に係る安全水域の設定等に関する法律（平成十九年法律第三十四号）
海洋生物資源の保存及び管理に関する法律（平成八年法律第七十七号）
化学物質の審査及び製造等の規制に関する法律（昭和四十八年法律第百十七号）
化学兵器の禁止及び特定物質の規制等に関する法律（平成七年法律第六十五号）
核原料物質、核燃料物質及び原子炉の規制に関する法律（昭和三十二年法律第百六十六号）
覚せい剤取締法（昭和二十六年法律第二百五十二号）
確定給付企業年金法（平成十三年法律第五十号）
確定拠出年金法（平成十三年法律第八十八号）
貸金業法（昭和五十八年法律第三十二号）
ガス事業法（昭和二十九年法律第五十一号）
化製場等に関する法律（昭和二十三年法律第百四十号）
家畜改良増殖法（昭和二十五年法律第二百九号）
家畜伝染病予防法（昭和二十六年法律第百六十六号）
家畜取引法（昭和三十一年法律第百二十三号）
家畜排せつ物の管理の適正化及び利用の促進に関する法律（平成十一年法律第百十二号）
学校教育法（昭和二十二年法律第二十六号）
割賦販売法（昭和三十六年法律第百五十九号）
家庭用品品質表示法（昭和三十七年法律第百四号）
家内労働法（昭和四十五年法律第六十号）
株式会社商工組合中央金庫法（平成十九年法律第七十四号）
貨物自動車運送事業法（平成元年法律第八十三号）

通報対象となる法律一覧

	法　律　名
	貨物利用運送事業法（平成元年法律第八十二号）
	火薬類取締法（昭和二十五年法律第百四十九号）
	観光圏の整備による観光旅客の来訪及び滞在の促進に関する法律（平成二十年法律第三十九号）
	感染症の予防及び感染症の患者に対する医療に関する法律（平成十年法律第百十四号）
	幹線道路の沿道の整備に関する法律（昭和五十五年法律第三十四号）
き	義肢装具士法（昭和六十二年法律第六十一号）
	技術研究組合法（昭和三十六年法律第八十一号）
	技術士法（昭和五十八年法律第二十五号）
	気象業務法（昭和二十七年法律第百六十五号）
	軌道法（大正十年法律第七十六号）
	揮発油等の品質の確保等に関する法律（昭和五十一年法律第八十八号）
	救急救命士法（平成三年法律第三十六号）
	急傾斜地の崩壊による災害の防止に関する法律（昭和四十四年法律第五十七号）
	教育職員免許法（昭和二十四年法律第百四十七号）
	狂犬病予防法（昭和二十五年法律第二百四十七号）
	行政機関の保有する個人情報の保護に関する法律（平成十五年法律第五十八号）
	行政書士法（昭和二十六年法律第西再）
	協同組合による金融事業に関する法律（昭和二十四年法律第百八十三号）
	協同組織金融機関の優先出資に関する法律（平成五年法律第四十四号）
	漁業災害補償法（昭和三十九年法律第百五十八号）
	漁業法（昭和二十四年法律第二百六十七号）
	漁船損害等補償法（昭和二十七年法律第二十八号）

	法　律　名
	漁船法（昭和二十五年法律第百七十八号）
	銀行法（昭和五十六年法律第五十九号）
	金属鉱業等鉱害対策特別措置法（昭和四十八年法律第二十六号）
	金融機関等の更生手続の特例等に関する法律（平成八年法律第九十五号）
	金融機関の合併及び転換に関する法律（昭和四十三年法律第八十六号）
	金融機関の信託業務の兼営等に関する法律（昭和十八年法律第四十三号）
	金融機能の再生のための緊急措置に関する法律（平成十年法律第百三十二号）
	金融業者の貸付業務のための社債の発行等に関する法律（平成十一年法律第三十二号）
	金融商品取引法（昭和二十三年法律第二十五号）
	勤労者財産形成促進法（昭和四十六年法律第九十二号）
く	空港法（昭和三十一年法律第八十号）
	クラスター弾等の製造の禁止及び所持の規制等に関する法律（平成二十一年法律第八十五号）
	クリーニング業法（昭和二十五年法律第二百七号
け	携帯音声通信事業者による契約者等の本人確認等及び携帯音声通信役務の不正な利用の防止に関する法律（平成十七年法律第三十一号）
	警備業法（昭和四十七年法律第百十七号）
	刑法（明治四十年法律第四十五号）
	計量法（平成四年法律第五十一号）
	下水道法（昭和三十三年法律第七十九号）
	検疫法（昭和二十六年法律第二百一号）
	健康増進法（平成十四年法律第百三号）
	健康保険法（大正十一年法律第七十号）
	言語聴覚士法（平成九年法律第百三十二号）

通報対象となる法律一覧

	法　律　名
	原子爆弾被爆者に対する援護に関する法律（平成六年法律第百十七号）
	原子力災害対策特別措置法（平成十一年法律第百五十六号）
	原子力損害の賠償に関する法律（昭和三十六年法律第百四十七号）
	建設業法（昭和二十四年法律第百号）
	建設工事に係る資材の再資源化等に関する法律（平成十二年法律第百四号）
	建設労働者の雇用の改善等に関する法律（昭和五十一年法律第三十三号）
	建築基準法（昭和二十五年法律第二百一号）
	建築士法（昭和二十五年法律第二百二号）
	建築物における衛生的環境の確保に関する法律（昭和四十五年法律第二十号）
	建築物用地下水の採取の規制に関する法律（昭和三十七年法律第百号）
こ	高圧ガス保安法（昭和二十六年法律第二百四号）
	公益社団法人及び公益財団法人の認定等に関する法律（平成十八年法律第四十九号）
	興行場法（昭和二十三年法律第百三十七号）
	工業所有権に関する手続等の特例に関する法律（平成二年法律第三十号）
	工業標準化法（昭和二十四年法律第百八十五号）
	鉱業法（昭和二十五年法律第二百八十九号）
	工業用水道事業法（昭和三十三年法律第八十四号）
	工業用水法（昭和三十一年法律第百四十六号）
	公共用飛行場周辺における航空機騒音による障害の防止等に関する法律（昭和四十二年法律第百十号）
	航空機製造事業法（昭和二十七年法律第二百三十七号）
	航空法（昭和二十七年法律第二百三十一号）
	鉱山保安法（昭和二十四年法律第七十号）

123

法　律　名
公衆等脅迫目的の犯罪行為のための資金等の提供等の処罰に関する法律（平成十四年法律第六十七号）
公衆浴場法（昭和二十三年法律第百三十九号）
厚生年金保険法（昭和二十九年法律第百十五号）
更生保護事業法（平成七年法律第八十六号）
高速自動車国道法（昭和三十二年法律第七十九号）
港則法（昭和二十三年法律第百七十四号）
公認会計士法（昭和二十三年法律第百三号）
小売商業調整特別措置法（昭和三十四年法律第百五十五号）
高齢者、障害者等の移動等の円滑化の促進に関する法律（平成十八年法律第九十一号）
高齢者の医療の確保に関する法律（昭和五十七年八月十七日法律第八十号）
港湾運送事業法（昭和二十六年法律第百六十一号）
港湾労働法（昭和六十三年法律第四十号）
小型船造船業法（昭和四十一年法律第百十九号）
国際航海船舶及び国際港湾施設の保安の確保等に関する法律（平成十六年法律第三十一号）
国際人道法の重大な違反行為の処罰に関する法律（平成十六年法律第百十五号）
国際的な協力の下に規制薬物に係る不正行為を助長する行為等の防止を図るための麻薬及び向精神薬取締法等の特例等に関する法律（平成三年法律第九十四号）
国民健康保険法（昭和三十三年法律第百九十二号）
国民年金法（昭和三十四年法律第百四十一号）
湖沼水質保全特別措置法（昭和五十九年法律第六十一号）
個人情報の保護に関する法律（平成十五年法律第五十七号）
古物営業法（昭和二十四年法律第百八号）

通報対象となる法律一覧

	法 律 名
	雇用対策法（昭和四十一年法律第百三十二号）
	雇用保険法（昭和四十九年法律第百十六号）
	ゴルフ場等に係る会員契約の適正化に関する法律（平成四年法律第五十三号）
さ	災害救助法（昭和二十二奪法律第百十八号）
	災害対策基本法（昭和三十六年法律第二百二十三号）
	細菌兵器（生物兵器）及び毒素兵器の開発、生産及び貯蔵の禁止並びに廃棄に関する条約等の実施に関する法律（昭和五十七年法律第六十一号）
	債権管理回収業に関する特別措置法（平成十年法律第百二十六号）
	再生医療等の安全性の確保等に関する法律（平成二十五年法律第八十五号）
	採石法（昭和二十五年法律第二百九十一号）
	最低賃金法（昭和三十四年法律第百三十七号）
	作業環境測定法（昭和五十年法律第二十八号）
	サリン等による人身被害の防止に関する法律（平成七年法律第七十八号）
し	塩事業法（平成八年法律第三十九号）
	歯科医師法（昭和二十三年法律第二百二号）
	歯科衛生士法（昭和二十三年法律第二百四号）
	歯科技工士法（昭和三十年法律第百六十八号）
	資金決済に関する法律（平成二十一年法律第五十九号）
	資源の有効な利用の促進に関する法律（平成三年法律第四十八号）
	資産の流動化に関する法律（平成十年法律第百五号）
	自然環境保全法（昭和四十七年法律第八十五号）
	自然公園法（昭和三十二年法律第百六十一号）
	持続的養殖生産確保法（平成十一年法律第五十一号）

125

法　律　名
下請代金支払遅延等防止法（昭和三十一年法律第百二十号）
質屋営業法（昭和二十五年法律第百五十八号）
実用新案法（昭和三十四年法律第百二十三号）
私的独占の禁止及び公正取引の確保に関する法律（昭和二十二年法律第五十四号）
自動車運転代行業の業務の適正化に関する法律（平成十三年法律第五十七号）
自動車から排出される窒素酸化物及び粒子状物質の特定地域における総量の削減等に関する特別措置法（平成四年法律第七十号）
自動車損害賠償保障法（昭和三十年法律第九十七号）
自動車ターミナル法（昭和三十四年法律第百三十六号）
自動車の運転により人を死傷させる行為等の処罰に関する法律（平成二十五年十一月二十七日法律第八十六号）
自動車の保管場所の確保等に関する法律（昭和三十七年法律第百四十五号）
児童買春、児童ポルノに係る行為等の規制及び処罰並びに児童の保護等に関する法律（平成十一年法律第五十二号）
児童福祉法（昭和二十二年法律第百六十四号）
視能訓練士法（昭和四十六年法律第六十四号）
司法書士法（昭和二十五年法律第百九十七号）
社会福祉士及び介護福祉士法（昭和六十二年法律第三十号）
社会福祉施設職員等退職手当共済法（昭和三十六年法律第百五十五号）
社会福祉法（昭和二十六年法律第四十五号）
社会保険労務士法（昭和四十三年法律第八十九号）
社債、株式等の振替に関する法律（平成十三年法律第七十五号）
獣医師法（昭和二十四年法律第百八十六号）
獣医療法（平成四年法律第四十六号）
就学前の子どもに関する教育、保育等の総合的な提供の推進に関する法律（平成十八年法律第七十七号）

通報対象となる法律一覧

法　律　名
住宅の品質確保の促進等に関する法律（平成十一年法律第八十一号）
柔道整復師法（昭和四十五年法律第十九号）
銃砲刀剣類所持等取締法（昭和三十三年法律第六号）
集落地域整備法（昭和六十二年法律第六十三号）
酒税の保全及び酒類業組合等に関する法律（昭和二十八年法律第七号）
出資の受入れ、預り金及び金利等の取締りに関する法律（昭和二十九年法律第百九十五号）
種苗法（平成十年法律第八十三号）
主要食糧の需給及び価格の安定に関する法律（平成六年法律第百十三号）
障害者の雇用の促進等に関する法律（昭和三十五年法律第百二十三号）
障害者の日常生活及び社会生活を総合的に支援するための法律（平成十七年法律第百二十三号）
浄化槽法（昭和五十八年法律第四十三号）
使用済小型電子機器等の再資源化の促進に関する法律（平成二十四年法律第五十七号）
使用済自動車の再資源化等に関する法律（平成十四年法律第八十七号）
商店街振興組合法（昭和三十七年法律第百四十一号）
消費者安全法（平成二十一年法律第五十号）
消費者契約法（平成十二年法律第六十一号）
消費生活協同組合法（昭和二十三年法律第二百号）
消費生活用製品安全法（昭和四十八年法律第三十一号）
商標法（昭和三十四年法律第百二十七号）
商品先物取引法（昭和二十五年八月五日法律第二百三十九号）
商品投資に係る事業の規制に関する法律（平成三年法律第六十六号）
消防法（昭和二十三年法律第百八十六号）
職業安定法（昭和二十二年法律第百四十一号）

127

法　律　名
職業訓練の実施等による特定求職者の就職の支援に関する法律（平成二十三年法律第四十七号）
職業能力開発促進法（昭和四十四年法律第六十四号）
食鳥処理の事業の規制及び食鳥検査に関する法律（平成二年法律第七十号）
食品衛生法（昭和二十二年法律第二百三十三号）
食品循環資源の再生利用等の促進に関する法律（平成十二年法律第百十六号）
植物防疫法（昭和二十五年法律第百五十一号）
飼料の安全性の確保及び品質の改善に関する法律（昭和二十八年法律第三十五号）
新型インフルエンザ等対策特別措置法（平成二十四年法律第三十一号）
心神喪失等の状態で重大な他害行為を行った者の医療及び観察等に関する法律（平成十五年法律第百十号）
信託業法（平成十六年法律第百五十四号）
信託法（平成十八年法律第百八号）
振動規制法（昭和五十一年法律第六十四号）
じん肺法（昭和三十五年法律第三十号）
信用金庫法（昭和二十六年法律第二百三十八号）
信用保証協会法（昭和二十八年法律第百九十六号）
診療放射線技師法（昭和二十六年法律第二百二十六号）
森林組合法（昭和五十三年法律第三十六号）
森林病害虫等防除法（昭和二十五年法律第五十三号）

す

法　律　名
水産業協同組合法（昭和二十三年法律第二百四十二号）
水産資源保護法（昭和二十六年法律第三百十三号）
水質汚濁防止法（昭和四十五年法律第百三十八号）
水洗炭業に関する法律（昭和三十三年法律第百三十四号）

通報対象となる法律一覧

	法　律　名
	水道法（昭和三十二年法律第百七十七号）
	水防法（昭和二十四年法律第百九十三号）
	スパイクタイヤ粉じんの発生の防止に関する法律（平成二年法律第五十五号）
せ	製菓衛生師法（昭和四十一年法律第百十五号）
	生活衛生関係営業の運営の適正化及び振興に関する法律（昭和三十二年法律第百六十四号）
	生活保護法（昭和二十五年法律第百四十四号）
	精神保健及び精神障害者福祉に関する法律（昭和二十五年法律第百二十三号）
	精神保健福祉士法（平成九年法律第百三十一号）
	税理士法（昭和二十六年法律第二百三十七号）
	石油コンビナート等災害防止法（昭和五十年法律第八十四号）
	石油需給適正化法（昭和四十八年法律第百二十二号）
	石油の備蓄の確保等に関する法律（昭和五十年法律第九十六号）
	石油パイプライン事業法（昭和四十七年法律第百五号）
	絶滅のおそれのある野生動植物の種の保存に関する法律（平成四年法律第七十五号）
	瀬戸内海環境保全特別措置法（昭和四十八年法律第百十号）
	船員災害防止活動の促進に関する法律（昭和四十二年法律第六十一号）
	船員職業安定法（昭和二十三年法律第百三十号）
	船員法（昭和二十二年法律第百号）
	船員保険法（昭和十四年法律第七十三号）
	船主相互保険組合法（昭和二十五年法律第百七十七号）
	船舶安全法（昭和八年法律第十一号）
	船舶職員及び小型船舶操縦者法（昭和二十六年法律第百四十九号）
	船舶油濁損害賠償保障法（昭和五十年法律第九十五号）

	法　律　名
そ	騒音規制法（昭和四十三年法律第九十八号）
	臓器の移植に関する法律（平成九年法律第百四号）
	倉庫業法（昭和三十一年法律第百二十一号）
	造船法（昭和二十五年法律第百二十九号）
	測量法（昭和二十四年法律第百八十八号）
	組織的な犯罪の処罰及び犯罪収益の規制等に関する法律（平成十一年法律第百三十六号）
た	ダイオキシン類対策特別措置法（平成十一年法律第百五号）
	大気汚染防止法（昭和四十三年六月十日法律第九十七号）
	大規模小売店舗立地法（平成十年法律第九十一号）
	大規模災害からの復興に関する法律（平成二十五年法律第五十五号）
	大規模地震対策特別措置法（昭和五十三年法律第七十三号）
	対人地雷の製造の禁止及び所持の規制等に関する法律（平成十年法律第百十六号）
	大麻取締法（昭和二十三年法律第百二十四号）
	タクシー業務適正化特別措置法（昭和四十五年法律第七十五号）
	宅地造成等規制法（昭和三十六年法律第百九十一号）
	宅地建物取引業法（昭和二十七年法律第百七十六号）
	たばこ事業法（昭和五十九年法律第六十八号）
	炭鉱災害による一酸化炭素中毒症に関する特別措置法（昭和四十二年法律第九十二号）
	探偵業の業務の適正化に関する法律（平成十八年法律第六十号）
	担保付社債信託法（明治三十八年法律第五十二号）
ち	地域雇用開発促進法（昭和六十二年法律二十三号）
	地域における歴史的風致の維持及び向上に関する法律（平成二十年法律第四十号）
	駐車場法（昭和三十二年法律第百六号）

通報対象となる法律一覧

法　律　名	
	中小企業退職金共済法（昭和三十四年法律第百六十号）
	中小企業団体の組織に関する法律（昭和三十二年法律第百八十五号）
	中小企業等協同組合法（昭和二十四年法律第百八十一号）
	中小企業における労働力の確保及び良好な雇用の機会の創出のための雇用管理の改善の促進に関する法律（平成三年法律第五十七号）
	中小企業の事業活動の機会の確保のための大企業者の事業活動の調整に関する法律（昭和五十二年法律第七十四号）
	中小漁業融資保証法（昭和二十七年法律第三百四十六号）
	長期信用銀行法（昭和二十七年法律第百八十七号）
	鳥獣の保護及び狩猟の適正化に関する法律（平成十四年法律第八十八号）
	調理師法（昭和三十三年法律第百四十七号）
	著作権等管理事業法（平成十二年法律第百三十一号）
	著作権法（昭和四十五年法律第四十八号）
	地力増進法（昭和五十九年法律第三十四号）
	賃金の支払の確保等に関する法律（昭和五十一年法律第三十四号）
つ	通関業法（昭和四十二年法律第百二十二号）
	津波防災地域づくりに関する法律（平成二十三年法律第百二十三号）
	積立式宅地建物販売業法（昭和四十六年法律第百十一号）
て	鉄道営業法（明治三十三年法律第六十五号）
	鉄道事業法（昭和六十一年法律第九十二号）
	電気工事業の業務の適正化に関する法律（昭和四十五年法律第九十六号）
	電気工事士法（昭和三十五年法律第百三十九号）
	電気事業法（昭和三十九年法律第百七十号）
	電気通信事業法（昭和五十九年法律第八十六号）
	電気用品安全法（昭和三十六年法律第二百三十四号）

131

	法　律　名
	電子記録債権法（平成十九年法律第百二号）
	電子署名及び認証業務に関する法律（平成十二年法律第百二号）
	電波法（昭和二十五年法律第百三十一号）
と	統計法（平成十九年法律第五十三号）
	投資信託及び投資法人に関する法律（昭和二十六年法律第百九十八号）
	動物の愛護及び管理に関する法律（昭和四十八年法律第百五号）
	道路運送車両法（昭和二十六年法律第百八十五号）
	道路運送法（昭和二十六年法律第百八十三号）
	道路交通法（昭和三十五年法律第百五号）
	道路法（昭和二十七年法律第百八十号）
	特殊開錠用具の所持の禁止等に関する法律（平成十五年法律第六十五号）
	特定外来生物による生態系等に係る被害の防止に関する法律（平成十六年法律第七十八号）
	特定ガス消費機器の設置工事の監督に関する法律（昭和五十四年法律第三十三号）
	特定家庭用機器再商品化法（平成十年法律第九十七号）
	特定機器に係る適合性評価手続の結果の外国との相互承認の実施に関する法律（平成十三年法律第百十一号）
	特定空港周辺航空機騒音対策特別措置法（昭和五十三年法律第二十六号）
	特定工場における公害防止組織の整備に関する法律（昭和四十六年法律第百七号）
	特定住宅瑕疵担保責任の履行の確保等に関する法律（平成十九年法律第六十六号）
	特定住宅金融専門会社の債権債務の処理の促進等に関する特別措置法（平成八年法律第九十三号）
	特定商取引に関する法律（昭和五十一年法律第五十七号）
	特定商品等の預託等取引契約に関する法律（昭和六十一年法律第六十二号）

通報対象となる法律一覧

	法　律　名
	特定水道利水障害の防止のための水道水源水域の水質の保全に関する特別措置法（平成六年法律第九号）
	特定製品に係るフロン類の回収及び破壊の実施の確保等に関する法律（平成十三年法律第六十四号）
	特定電子メールの送信の適正化等に関する法律（平成十四年法律第二十六号）
	特定特殊自動車排出ガスの規制等に関する法律（平成十七年法律第五十一号）
	特定Ｂ型肝炎ウイルス感染者給付金等の支給に関する特別措置法（平成二十三年法律第百二十六号）
	特定物質の規制等によるオゾン層の保護に関する法律（昭和六十三年法律第五十三号）
	特定有害廃棄物等の輸出入等の規制に関する法律（平成四年法律第百八号）
	毒物及び劇物取締法（昭和二十五年法律第三百三号）
	独立行政法人等の保有する個人情報の保護に関する法律（平成十五年法律第五十九号）
	都市計画法（昭和四十三年法律第百号）
	都市の低炭素化の促進に関する法律（平成二十四年法律第八十四号）
	土砂災害警戒区域等における土砂災害防止対策の推進に関する法律（平成十二年法律第五十七号）
	土砂等を運搬する大型自動車による交通事故の防止等に関する特別措置法（昭和四十二年法律第百三十一号）
	土壌汚染対策法（平成十四年法律第五十三号）
	土地家屋調査士法（昭和二十五年法律第二百二十八号）
	と畜場法（昭和二十八年法律第百十四号）
	特許法（昭和三十四年法律第百二十一号）
な	内航海運業法（昭和二十七年法律第百五十一号）
	成田国際空港の安全確保に関する緊急措置法（昭和五十三年法律第四十二号）
	難病の患者に対する医療等に関する法律（平成二十六年法律第五十号）

133

	法 律 名
に	入札談合等関与行為の排除及び防止並びに職員による入札等の公正を害すべき行為の処罰に関する法律（平成十四年法律第百一号）
ね	熱供給事業法（昭和四十七年法律第八十八号）
の	農業機械化促進法（昭和二十八年法律第二百五十二号）
	農業協同組合法（昭和二十二年法律第百三十二号）
	農業災害補償法（昭和二十二年法律第百八十五号）
	農業信用保証保険法（昭和三十六年法律第二百四号）
	農産物検査法（昭和二十六年法律第百四十四号）
	農住組合法（昭和五十五年法律第八十六号）
	農水産業協同組合貯金保険法（昭和四十八年法律第五十三号）
	農薬取締法（昭和二十三年法律第八十二号）
	農用地の土壌の汚染防止等に関する法律（昭和四十五年法律第百三十九号）
	農林中央金庫法（平成十三年法律第九十三号）
	農林物資の規格化及び品質表示の適正化に関する法律（昭和二十五年法律第百七十五号）
は	廃棄物の処理及び清掃に関する法律（昭和四十五年法律第百三十七号）
	売春防止法（昭和三十一年法律第百十八号）
	排他的経済水域における漁業等に関する主権的権利の行使等に関する法律（平成八年法律第七十六号）
	破壊活動防止法（昭和二十七年法律第二百四十号）
	爆発物取締罰則（明治十七年太政官布告第三十二号）
	破産法（平成十六年法律第七十五号）
	犯罪捜査のための通信傍受に関する法律（平成十一年法律第百三十七号）
	犯罪による収益の移転防止に関する法律（平成十九年法律第二十二号）
	犯罪利用預金口座等に係る資金による被害回復分配金の支払等に関する法律（平成十九年法律第百三十三号）

通報対象となる法律一覧

	法　律　名
	半導体集積回路の回路配置に関する法律（昭和六十年法律第四十三号）
ひ	東日本大震災復興特別区域法（平成二十三年法律第百二十二号）
	被災市街地復興特別措置法（平成七年法律第十四号）
	PTA・青少年教育団体共済法（平成二十二年六月二日法律第四十二号）
	人質による強要行為等の処罰に関する法律（昭和五十三年法律第四十八号）
	ヒトに関するクローン技術等の規制に関する法律（平成十二年法律第百四十六号）
	人の健康に係る公害犯罪の処罰に関する法律（昭和四十五年法律第百四十二号）
	美容師法（昭和三十二年法律第百六十三号）
	肥料取締法（昭和二十五年法律第百二十七号）
ふ	風俗営業等の規制及び業務の適正化等に関する法律（昭和二十三年法律第百二十二号）
	武器等製造法（昭和二十八年法律第百四十五号）
	不正アクセス行為の禁止等に関する法律（平成十一年法律第百二十八号）
	不正競争防止法（平成五年法律第四十七号）
	物価統制令（昭和二十一年勅令第百十八号）
	不当景品類及び不当表示防止法（昭和三十七年法律第百三十四号）
	不動産特定共同事業法（平成六年法律第七十七号）
	不動産の鑑定評価に関する法律（昭和三十八年法律第百五十二号）
	武力攻撃事態等における国民の保護のための措置に関する法律（平成十六年法律第百十二号）
	武力紛争の際の文化財の保護に関する法律（平成十九年法律第三十二号）
	プログラムの著作物に係る登録の特例に関する法律（昭和六十一年法律第六十五号）
	文化財保護法（昭和二十五年法律第二百十四号）

135

	法　律　名
へ	米穀等の取引等に係る情報の記録及び産地情報の伝達に関する法律（平成二十一年法律第二十六号）
	平成二十三年三月十一日に発生した東北地方太平洋沖地震に伴う原子力発電所の事故により放出された放射性物質による環境の汚染への対処に関する特別措置法（平成二十三年法律第百十号）
	弁護士法（昭和二十四年法律第二百五号）
	弁理士法（平成十二年法律第四十九号）
ほ	放射性同位元素等による放射線障害の防止に関する法律（昭和三十二年法律第百六十七号）
	放射線を発散させて人の生命等に危険を生じさせる行為等の処罰に関する法律（平成十九年法律第三十八号）
	放送法（昭和二十五年法律第百三十二号）
	暴力行為等処罰に関する法律（大正十五年法律第六十号）
	暴力団員による不当な行為の防止等に関する法律（平成三年法律第七十七号）
	保険業法（平成七年法律第百五号）
	保健師助産師看護師法（昭和二十三年法律第二百三号）
	母体保護法（昭和二十三年法律第百五十六号）
	墓地、埋葬等に関する法律（昭和二十三年法律第四十八号）
	ポリ塩化ビフェニル廃棄物の適正な処理の推進に関する特別措置法（平成十三年法律第六十五号）
ま	麻薬及び向精神薬取締法（昭和二十八年法律第十四号）
	マンションの管理の適正化の推進に関する法律（平成十二年法律第百四十九号）
	マンションの建替え等の円滑化に関する法律（平成十四年法律第七十八号）
み	水先法（昭和二十四年法律第百二十一号）
	未成年者飲酒禁止法（大正十一年法律第二十号）
	未成年者喫煙禁止法（明治三十三年法律第三十三号）

通報対象となる法律一覧

	法　律　名
	密集市街地における防災街区の整備の促進に関する法律（平成九年法律第四十九号）
	民間事業者による信書の送達に関する法律（平成十四年法律第九十九号）
	民事再生法（平成十一年法律第二百二十五号）
む	無限連鎖講の防止に関する法律（昭和五十三年法律第百一号）
	無差別大量殺人行為を行った団体の規制に関する法律（平成十一年法律第百四十七号）
	無尽業法（昭和六年法律第四十二号）
や	薬剤師法（昭和三十五年法律第百四十六号）
	薬事法（昭和三十五年法律第百四十五号）
ゆ	有害物質を含有する家庭用品の規制に関する法律（昭和四十八年法律第百十二号）
	遊漁船業の適正化に関する法律（昭和六十三年法律第九十九号）
	有線電気通信法（昭和二十八年法律第九十六号）
	郵便物運送委託法（昭和二十四年法律第二百八十四号）
	郵便法（昭和二十二年法律第百六十五号）
	輸出入取引法（昭和二十七年法律第二百九十九号）
よ	容器包装に係る分別収集及び再商品化の促進等に関する法律（平成七年法律第百十二号）
	養鶏振興法（昭和三十五年法律第四十九号）
	養蜂振興法（昭和三十年法律第百八十号）
	預金等に係る不当契約の取締に関する法律（昭和三十二年法律第百三十六号）
	預金保険法（昭和四十六年法律第三十四号）
り	理学療法士及び作業療法士法（昭和四十年法律第百三十七号）
	流通食品への毒物の混入等の防止等に関する特別措置法（昭和六十二年法律第百三号）

137

	法　律　名
	理容師法（昭和二十二年法律第二百三十四号）
	旅館業法（昭和二十三年法律第百三十八号）
	旅行業法（昭和二十七年法律第二百三十九号）
	林業種苗法（昭和四十五年法律第八十九号）
	林業労働力の確保の促進に関する法律（平成八年法律第四十五号）
	臨床検査技師等に関する法律（昭和三十三年法律第七十六号）
	臨床工学技士法（昭和六十二年法律第六十号）
ろ	老人福祉法（昭和三十八年法律第百三十三号）
	労働安全衛生法（昭和四十七年法律第五十七号）
	労働関係調整法（昭和二十一年法律第二十五号）
	労働基準法（昭和二十二年法律第四十九号）
	労働金庫法（昭和二十八年法律第二百二十七号）
	労働組合法（昭和二十四年法律第百七十四号）
	労働者災害補償保険法（昭和二十二年法律第五十号）
	労働者派遣事業の適正な運営の確保及び派遣労働者の保護等に関する法律（昭和六十年法律第八十八号）
	労働保険の保険料の徴収等に関する法律（昭和四十四年法律第八十四号）

公益通報者保護法に関する民間事業者向けガイドライン

平成 17 年 7 月 19 日
内閣府国民生活局

1．本ガイドラインの目的と性格

　本ガイドラインは、公益通報者保護法を踏まえて、事業者のコンプライアンス経営への取り組みを強化するために、労働者からの法令違反等に関する通報を事業者内において適切に処理するための指針を示すものである。

　事業者が、本ガイドラインを踏まえ、事業者内部での通報処理の仕組みを整備することは、事業者内部の自浄作用を高めるとともに、事業者外部への通報による風評リスク等を減少させることにもつながる。

　なお、本ガイドラインは、各事業者において一層充実した通報処理の仕組みを整備、運用することを妨げるものではない。

2．事業者内での通報処理の仕組みの整備

（仕組みの整備）

　○　通報の受付から調査、是正措置の実施及び再発防止策の策定までを適切に行うため、経営幹部を責任者とし、部署間横断的に通報を処理する仕組を整備するとともに、これを適切に運用することが必要である。

（通報窓口の整備）

　○　通報窓口及び受付の方法を明確に定め、それらを労働者等に対し、十分に周知することが必要である。

　○　新たに通報窓口を設置する場合、法律：事務所等に委託する（中小企業の場合、何社かが共同して委託することも考えられる。）など、事業者の外部に設置すること、労働組合を通報窓口として指定すること又はグループ企業ではグループ共通の一元的な窓口を設置する

139

ことなども可能である。また、対象としている通報内容や通報者の範囲、個人情報の保護の程度等を確認の上、必要に応じ、既存の通報窓口を充実させて活用することも可能である。

（相談窓口の設置）

○　各事業者の通報処理の仕組みに関する質問等に対応する相談窓口を設置することが必要である。相談窓口は事業者の実情に応じて、通報窓口と一元化して設置することも可能である。

（内部規程の整備）

○　内部規程に通報処理の仕組みについて明記し、特に、公益通報者に対する解雇や不利益取扱いの禁止を明記することが必要である。

（秘密保持の徹底）

○　情報を共有する範囲を限定すること、知り得た情報を口外しないこと等を各担当者に徹底させることが必要である。

（利益相反関係の排除）

○　受付担当者、調査担当者その他通報処理に従事する者は、自らが関係する通報事案の処理に関与してはならない。

３．通報の受付

（通報受領の通知）

○　書面や電子メール等、通報者が通報の到達を確認できない方法によって通報がなされた場合には、速やかに通報者に対し、通報を受領した旨を通知することが望ましい。

（通報内容の検討）

○　通報を受け付けた場合、調査が必要であるか否かについて、公正、公平かつ誠実に検討し、今後の対応について、通報者に通知するよう努めることが必要である。

（個人情報の保護）

○　通報の受付方法としては、電話、FAX、電子メール等様々な手段が考えられるが、通報を受け付ける際には、専用回線を設ける、個

室で面談するなど、通報者の秘密を守ることが必要である。

４．調査の実施

（調査と個人情報の保護）

○　調査の実施に当たっては、通報者の秘密を守るため、通報者が特定されないよう調査の方法に十分に配慮することが必要である。

（通　知）

○　調査中は、調査の進捗状況について適宜、被通報者（その者が法令違反等を行った、行っている又は行おうとしていると通報された者をいう。）や当該調査に協力した者等の信用、名誉及びプライバシー等に配慮しつつ、通報者に通知するとともに、調査結果は、可及的速やかに取りまとめ、通報者に対し、その結果を通知するよう努めることが必要である。

５．是正措置の実施

（是正措置と報告）

○　調査の結果、法令違反等が明らかになった場合には、速やかに是正措置及び再発防止策を講じるとともに、必要に応じ、関係者の社内処分など適切に対応することが必要である。また、さらに必要があれば、関係行政機関への報告等を行うことが必要である。

（通　知）

○　是正措置完了後、被通報者や当該調査に協力した者等の信用、名誉及びプライバシー等に配慮しつつ、速やかに通報者に対し、是正結果を通知するよう努めることが必要である。

６．解雇・不利益取扱いの禁止

（解雇・不利益取扱いの禁止）

○ 公益通報をしたことを理由として通報者に対し、解雇・不利益取扱い（懲戒処分、降格、減給等）をしてはならない。

7．フォローアップ

（フォローアップ）

○ 事業者は、通報処理終了後、法令違反等が再発していないか、是正措置及び再発防止策が十分に機能しているかを確認するとともに、必要に応じ、通報処理の仕組みを改善すること、新たな是正措置及び再発防止策を講じることが必要である。また、通報者に対し、通報したことを理由とした不利益取扱いや職場内で嫌がらせが行われたりしていないか等を確認するなど、通報者保護に係る十分なフォローアップを行うことが必要である。

8．その他

（仕組みの周知等）

○ 通報処理の仕組みやコンプライアンス（法令遵守）の重要性について、社内通達、社内報、電子メール等での広報の実施、定期的な研修の実施、説明会の開催等により、労働者、管理者等に対し、十分に周知することが必要である。

特に、通報処理を行う担当者に対しては、十分な研修等を行うことが必要である。

また、職場の管理者等（通報者等の直接又は間接の上司など）に相談や通報が行われた場合に適正に処理されるような透明性の高い職場環境を形成することも重要である。

国の行政機関の通報処理ガイドライン
（外部の労働者からの通報）

平 成 17 年 7 月 19 日
関 係 省 庁 申 合 せ
平成 23 年 3 月 18 日一部改正
平成 26 年 6 月 23 日一部改正

１．本ガイドラインの目的

　本ガイドラインは、公益通報者保護法（平成 16 年法律第 122 号。以下「法」という。）の施行に伴い、国の行政機関において、外部の労働者からの法に基づく公益通報を適切に処理するため、各行政機関が取り組むべき基本的事項を定めることにより、公益通報者の保護を図るとともに、事業者の法令遵守（コンプライアンス）を推進することを目的とする。

２．通報処理の在り方

(1) 通報処理の仕組みの整備

①　各行政機関は、通報者の秘密保持及び個人情報の保護に留意しつつ、迅速かつ適切に、通報を処理する仕組みを整備する。

②　各行政機関は、通報処理の仕組みについて、内部規程を作成し公表する。

(2) 通報受付窓口の設置

①　各行政機関は、労働者からの通報を受け付ける窓口（以下「通報窓口」という。）及び通報に関連する相談に応じる窓口を通報者及び相談者に明確になるよう設置する。

②　通報を受け付ける部局と通報に基づく調査や法令に基づく措置をとる部局等が異なるときは、通報者との連絡が円滑に行われるような措置をとる。

143

（3）秘密保持及び個人情報保護の徹底、利益相反関係の排除

①　通報又は相談の処理に関与した者は、通報又は相談に関する秘密を漏らしてはならない。

②　通報又は相談の処理に関与した者は、知り得た個人情報の内容をみだりに他人に知らせ、又は不当な目的に利用してはならない。

③　各行政機関の職員は、自らが関係する通報事案の処理に関与してはならない。

（4）通報対象の範囲

通報窓口においては、法第2条第3項に規定する通報対象事実が生じ、又はまさに生じようとしている場合における通報を受け付ける。

（5）通報者の範囲

通報窓口では、通報対象事実に関係する事業者に雇用されている労働者、当該事業者を派遣先とする派遣労働者及び当該事業者の取引先の労働者からの通報を受け付ける。

（6）公益通報以外の通報の取扱い

①　各行政機関は、労働者でない者からの通報であっても、当該通報が、法第2条第3項に規定する通報対象事実が生じ、又はまさに生じようとしている旨を、当該通報対象事実について処分又は勧告等をする権限を有する行政機関に対し、法第3条第2号に掲げる要件を満たして通報するものである場合は、法第10条第1項に規定する必要な調査及び適当な措置をとるよう努める。

②　①のほか、各行政機関は、法令遵守を図るため、法に基づく公益通報以外の通報を受け付けることができる。この場合において、通報対象となる事実や通報者の範囲、通報処理手続その他必要な事項については、各行政機関が別に定める。

３．通報の処理

（1）通報の受付と教示

① 通報者の秘密保持及び個人情報の保護に留意しつつ、通報者の氏名及び連絡先並びに通報の内容となる事実を把握するとともに、通報者の秘密は保持されること及び個人情報は保護されることを通報者に対し説明する。

② 通報内容となる事実について、当該行政機関が権限を有しないときは、権限を有する行政機関を、通報者に対し、遅滞なく教示する。

③ 通報がなされた後、これを法に基づく公益通報として受理したときは受理した旨を、受理しないときは受理しない旨又は情報提供として受け付ける旨を、通報者に対し、遅滞なく通知しなければならない。

（2）調査の実施

① 通報を受理した後は、必要な調査を行う。

② 調査の実施に当たっては、通報者の秘密を守るとともに、個人情報を保護するため、通報者が特定されないよう十分に留意しつつ、遅滞なく、必要かつ相当と認められる方法で行う。

③ 適切な法執行の確保、利害関係人の営業秘密、信用、名誉及びプライバシー等に留意しつつ、調査中は、調査の進捗状況について、通報者に対し、適宜通知するとともに、調査結果は可及的速やかに取りまとめ、その結果を、遅滞なく通知するよう努める。

（3）受理後の教示

通報事案の受理後において、当該行政機関ではなく他の行政機関が処分又は勧告等をする権限を有することが明らかになったときは、権限を有する行政機関を、通報者に対し、遅滞なく教示する。この場合において、当該教示を行う行政機関は、法執行上の問題がない範囲において、自ら作成した当該通報事案に係る資料を通報者に提供する。

145

（4） 調査結果に基づく措置の実施

　調査の結果、通報対象事実があると認めるときは、速やかに、法令に基づく措置その他適切な措置（以下「措置」という。）をとる。

（5） 通報者への措置の通知

①　当該行政機関が措置をとったときは、その内容を、適切な法執行の確保、利害関係人の営業秘密、信用、名誉及びプライバシー等に留意しつつ、通報者に対し、遅滞なく通知するよう努める。

②　各行政機関は、通報の受理から処理の終了までの標準処理期間を定め、又は必要と見込まれる期間を、通報者に対し、遅滞なく通知するよう努める。

４．通報者等の保護

　各行政機関は、正当な理由なく、通報又は相談に関する秘密を漏らした職員及び知り得た個人情報の内容をみだりに他人に知らせ、又は不当な目的に利用した職員に対し、懲戒処分その他適切な措置をとる。

５．その他

（1） 通報関連資料の管理

　各行政機関は、各通報事案の処理に係る記録及び関係資料について、適切な保存期間を定めた上で、通報者の秘密保持及び個人情報の保護に留意して、適切な方法で管理しなければならない。

（2） 協力義務

①　各行政機関及び職員は、本ガイドラインに定める通報について、他の行政機関その他公の機関から調査等の協力を求められたときは、正当な理由がある場合を除き、必要な協力を行う。

② 各行政機関は、通報対象事実に関し、処分又は勧告等をする権限を有する行政機関が複数ある場合においては、連携して調査を行い、又は措置をとるなど、相互に緊密に連絡し協力する。

国の行政機関の通報処理ガイドライン

（内部の職員等からの通報）

> 平　成　17　年　7　月　19　日
> 関　係　省　庁　申　合　せ
> 平成26年6月23日一部改正

１．本ガイドラインの目的

　本ガイドラインは、公益通報者保護法（平成16年法律第122号）の施行に伴い、国の行政機関において、内部の職員等からの法令違反等に関する通報を適切に処理するため、各行政機関が自主的に取り組むべき基本的事項を定めることにより、公益通報者の保護を図るとともに、国の行政機関の法令遵守（コンプライアンス）を推進することを目的とする。

２．通報処理の在り方

（1）通報処理の仕組みの整備

①　各行政機関は、通報事案の処理を、通報者の秘密保持及び個人情報の保護に留意しつつ、迅速かつ適切に行うため、その幹部を責任者とし、部署間横断的に通報を処理する仕組みを整備する。

②　各行政機関は、通報処理の仕組みについて、内部規程を作成する。

（2）総合的な窓口の設置

①　各行政機関は、当該行政機関における職員等からの通報を受け付ける窓口（以下「通報窓口」という。）を、全部局の総合調整を行う部局又はコンプライアンスを所掌する部局等に設置する。この場合、各行政機関は、行政機関内部の通報窓口に加えて、外部に弁護士等を配置した窓口を設けるよう努める。

②　各行政機関は、通報に関連する相談に応じる窓口（4. において「相

148

談窓口」という。）を設置する。

（3）秘密保持及び偶人情報保護の徹底、利益相反関係の排除

① 通報又は相談の処理に関与した者は、通報又は相談に関する秘密を漏らしてはならない。

② 通報又は相談の処理に関与した者は、知り得た個人情報の内容をみだりに他人に知らせ、又は不当な目的に利用してはならない。

③ 各行政機関の職員は、自らが関係する通報事案の処理に関与してはならない。

（4）通報対象の範囲

通報窓口において受け付ける通報は、以下のとおりとする。

ア．当該行政機関（当該行政機関の事業に従事する場合における職員、代理人その他の者を含む。）についての法令違反行為（当該法令違反行為が生ずるおそれを含む。）

イ．ア．のほか適正な業務の推進のために各行政機関において定める事実

（5）通報者の範囲

① 通報窓口では、当該行政機関の職員及び当該行政機関の契約先の労働者からの通報を受け付ける。

② 通報窓口では、①に掲げる者のほか、国民等からの通報も受け付けることができる。この場合の通報処理の手続については各行政機関の定めるところによる。

3．通報の処理

（1）通報の受付

① 通報者の秘密保持及び個人情報の保護に留意しつつ、通報者の氏名及び連絡先並びに通報の内容となる事実を把握するとともに、通

報者に対する不利益取扱いのないこと、通報者の税密は保持されること及び個人情報は保護されることを、通報者に対し説明する。

② 通報を受理したときは受理した旨を、受理しないときは受理しない旨及びその理由を、通報者に対し、遅滞なく通知しなければならない。

(2) 調査の実施

① 通報を受理した後は、調査の必要性を十分に検討し、適正な業務の遂行に支障がある場合を除き、調査を行う場合はその旨及び着手の時期を、調査を行わない場合はその旨及び理由を、通報者に対し、遅滞なく通知しなければならない。

② 調査の実施に当たっては、通報者の秘密を守るとともに、個人情報を保護するため、通報者が特定されないよう十分に留意しつつ、遅滞なく、必要かつ相当と認められる方法で行う。

③ 利害関係人の秘密、信用、名誉及びプライバシー等に留意しつつ、調査中は、調査の進捗状況について、通報者に対し、適宜通知するとともに、調査結果は可及的速やかに取りまとめ、その結果を、遅滞なく通知するよう努める。

(3) 調査結果に基づく措置の実施等

各行政機関は、調査の結果、法令違反等が明らかになったときは、速やかに是正措置及び再発防止策等（以下「是正措置等」という。）をとるとともに、必要があるときは、関係者の処分を行う。

(4) 通報者への是正措置等の通知

① 各行政機関は、当該行政機関が是正措置等をとったときは、その内容を、利害関係人の秘密、信用、名誉及びプライバシー等に留意しつつ、通報者に対し、遅滞なく通知するよう努める。

② 各行政機関は、通報の受理から処理の終了までの標準処理期間を定め、又は必要と見込まれる期間を、通報者に対し、遅滞なく通知

150

するよう努める。

（5）関係事項の公表

　各行政機関は、必要と認める事項を、適宜公表する。

（6）是正措置等の実効性評価

　各行政機関は、通報処理終了後、是正措置等が当該行政機関において十分に機能していることを適切な時期に確認し、必要があると認めるときは、新たな是正措置その他の改善を行うよう努める。

４．通報者等の保護

（1）通報者等の保護

①　各行政機関は、通報者又は相談者（相談窓口に相談した者をいう。②において同じ。）に対し、通報又は相談をしたことを理由として不利益な取扱いをしてはならない。

②　各行政機関は、通報者又は相談者に対し、通報又は相談をしたことを理由として懲戒処分その他不利益な取扱い等を行った者に対し、懲戒処分その他適切な措置をとる。正当な理由なく、通報又は相談に関する秘密を漏らした職員及び知り得た個人情報の内容をみだりに他人に知らせ、又は不当な目的に利用した職員についても同様とする。

（2）通報者のフォローアップ

　各行政機関は、通報処理終了後、通報者に対し、通報したことを理由とした不利益取扱いや職場内で嫌がらせが行われていないか等を適宜確認するなど、通報者保護に係る十分なフォローアップを行う。

（3）救済制度の職員への周知

各行政機関は、通報又は相談したことを理由とした不利益取扱いにつ

いて、職員が不利益取扱いの内容等に応じて、人事院に対する不利益処分についての不服申立て（国家公務員法（昭和22年法律第120号）第90条）、勤務条件に関する行政措置の要求（同法第86条）、苦情相談制度等を利用することができる旨を周知する。

5．その他

(1) 通報関連資料の管理

各行政機関は、各通報事案の処理に係る記録及び関係資料について、適切な保存期間を定めた上で、通報者の秘密保持及び個人情報の保護に留意して、適切な方法で管理しなければならない。

(2) 職員への周知

① 各行政機関は、職員に対する研修の実施、説明会の開催その他適切な方法により、通報窓口及び通報処理の仕組み等について、すべての職員等に対し、周知する。

② 各行政機関は、通報者の上司である職員が通報を受けた場合、当該職員が自ら行える範囲で必要に応じ調査を行うとともに、当該職員の上司への報告、通報窓口への通報その他適切な措置を遅滞なくとるべき旨を周知する。

(3) 協力義務

① 各行政機関の職員は、正当な理由がある場合を除き、通報に関する調査に誠実に協力する。

② 各行政機関及び職員は、本ガイドラインに定める通報について、他の行政機関その他公の機関から調査等の協力を求められたときは、正当な理由がある場合を除き、必要な協力を行う。

企 業 行 動 憲 章

2010 年 9 月 14 日
（社）日本経済団体連合会

［ 序 　 文 ］

　日本経団連は、かねてより、民主導・自律型の活力ある豊かな経済社会の構築に全力をあげて取り組んできた。そのような社会を実現するためには、企業や個人が高い倫理観をもつとともに、法令遵守を超えた自らの社会的責任を認識し、さまざまな課題の解決に積極的に取り組んでいくことが必要となる。そこで、企業の自主的な取り組みを着実かつ積極的に促すべく、1991 年の「企業行動憲章」の制定や、1996 年の「実行の手引き」の作成、さらには、経済社会の変化を踏まえて、数次にわたる憲章ならびに実行の手引きの見直しを行ってきた。

　近年、ISO　26000（社会的責任に関する国際規格）に代表されるように、持続可能な社会の発展に向けて、あらゆる組織が自らの社会的責任（SR：Social Responsibility）を認識し、その責任を果たすべきであるとの考え方が国際的に広まっている。とりわけ企業は、所得や雇用の創出など、経済社会の発展になくてはならない存在であるとともに、社会や環境に与える影響が大きいことを認識し、「企業の社会的責任（CSR：Corporate Social Responsibility）」を率先して果たす必要がある。

　具体的には、企業は、これまで以上に消費者の安全確保や環境に配慮した活動に取り組むなど、株主・投資家、消費者、取引先、従業員、地域社会をはじめとする企業を取り巻く幅広いステークホルダーとの対話を通じて、その期待に応え、信頼を得るよう努めるべきである。また、企業グループとしての取り組みのみならず、サプライチェーン全体に社会的責任を踏まえた行動を促すことが必要である。さらには、人権問題や貧困問題への関心の高まりを受けて、グローバルな視野をもってこれ

153

らの課題に対応することが重要である。

　そこで、今般、「企業の社会的責任」を取り巻く最近の状況変化を踏まえ、会員企業の自主的取り組みをさらに推進するため、企業行動憲章を改定した。会員企業は、倫理的側面に十分配慮しつつ、優れた商品・サービスを創出することで、引き続き社会の発展に貢献する。また、企業と社会の発展が密接に関係していることを再認識したうえで、経済、環境、社会の側面を総合的に捉えて事業活動を展開し、持続可能な社会の創造に資する。そのため、会員企業は、次に定める企業行動憲章の精神を尊重し、自主的に実践していくことを申し合わせる。

企 業 行 動 憲 章
―社会の信頼と共感を得るために―

（社）日本経済団体連合会
1991 年 9 月 14 日「経団連企業行動憲章」制定
1996 年 12 月 17 日同憲章改定
2002 年 10 月 15 日「企業行動憲章」へ改定
2004 年 5 月 18 日同憲童改定
2010 年 9 月 14 日同憲章改定

　企業は、公正な競争を通じて付加価値を創出し、雇用を生み出すなど経済社会の発展を担うとともに、広く社会にとって有用な存在でなければならない。そのため企業は、次の 10 原則に基づき、国の内外において、人権を尊重し、関係法令、国際ルールおよびその精神を遵守しつつ、持続可能な社会の創造に向けて、高い倫理観をもって社会的貴任を果たしていく。

1. 社会的に有用で安全な商品・サービスを開発、提供し、消費者・顧客の満足と信頼を獲得する。

2. 公正、透明、自由な競争ならびに適正な取引を行う。また、政治、行政との健全かつ正常な関係を保つ。

3. 株主はもとより、広く社会とのコミュニケーションを行い、企業情報を積極的かつ公正に開示する。また、個人情報・顧客椿報をはじめとする各種情報の保護・管理を徹底する。

4. 従業員の多様性、人格、個性を尊重するとともに、安全で働きやすい環境を確保し、ゆとりと豊かさを実現する。

5. 環境問題への取り組みは人類共通の課題であり、企業の存在と活動に必須の要件として、主体的に行動する。

6. 「良き企業市民」として、積極的に社会貢献活動を行う。

7. 市民社会の秩序や安全に脅威を与える反社会的勢力および団体とは断固として対決し、関係遮断を徹底する。

8. 事業活動のグローバル化に対応し、各国・地域の法律の遵守、人権を含む各種の国際規範の尊重はもとより、文化や慣習、ステー

クホルダーの関心に配慮した経営を行い、当該国・地域の経済社会の発展に貢献する。

9. 経営トップは、本憲章の精神の実現が自らの役割であることを認識し、率先垂範の上、社内ならびにグループ企業にその徹底を図るとともに、取引先にも促す。また、社内外の声を常時把握し、実効ある社内体制を確立する。

10. 本憲章に反するような事態が発生したときには、経営トップ自らが問題解決にあたる姿勢を内外に明らかにし、原因究明、再発防止に努める。また、社会への迅速かつ的確な情報の公開と説明責任を遂行し、権限と責任を明確にした上、自らを含めて厳正な処分を行う。

以上

〔略　歴〕

外　井　浩　志（といひろし）

昭和30年6月9日生

昭和56年 3月　東京大学法学部公法学科　卒業
　同 57年 4月　東京労働基準局大田労働基準監督署に労働基準監督官と
　　　　　　　して勤務
　同 57年10月　司法試験合格
　同 58年 4月　司法研修所入所
　同 60年 3月　同所　修了
　同 60年 4月　安西法律事務所入所
　　　　　　　弁護士登録（第一東京弁護士会）
平成14年 4月　安西・外井法律事務所に名称変更
　同 18年 3月　外井（ＴＯＩ）法律事務所開設　現在に至る

〔他の職歴〕
・学校法人アテネフランセ評議員（平成24年～）
・厚労省「経営課題と労務管理のワンストップ相談マニュアル」
　執筆委員（平成23年～24年）
・（全基連）労働条件相談ダイヤル事業推進委員会検討委員会委員
　　　（平成26年）
・（全基連）労働条件ポータブルサイトコンテンツ制作編集委員会委員
　　　（平成26年）
・人材コンプライアンス推進協議会理事長（平成25年～）

〔主な著書〕
「就業規則の全てがわかる本」（総合法令）
「親しみやすい就業規則の作り方・読み方」（中央経済社）
「健康・安全・衛生と補償・賠償」（中央経済社）
「就業規則の知識」（日本経済社）
「新・労働法実務Ｑ＆Ａ　採用・退職・解雇・定年・懲戒」
　（生産性出版）
「事業再編雇用流動化の人事と労務」（中央経済社）
「労働法のしくみ」（日本実業出版社）
「労働者派遣法100問100答」（税務研究会）
「社員教育をめぐる法律問題Ｑ＆Ａ」（労働調査会）
「競業避止義務めぐるトラブル解決の手引き」（新日本法規）
「偽装請負」（労働調査会）
「図解でわかる労働法」（日本実業出版社）
「精神疾患をめぐる労務管理」（共著、新日本法規）
「判例労働法3」（共著、第一法規）外

企業不祥事と公益通報者保護法について

2015年3月23日　初版発行

著　者　外井浩志

発行人　大西強司

発売所　とりい書房
　　　　〒164-0013　東京都中野区弥生町２－13－９
　　　　TEL 03-5351-5990
　　　　ホームページ　http://www.toriishobo.co.jp

印刷所　倉敷印刷株式会社

本書は著作権法上の保護を受けています。本書の一部あるいは全部について（ソフトウェア及びプログラムを含む）、とりい書房から文書による許諾を得ずに、いかなる方法においても無断で複写、複製することは禁じられています。

Copyright © 2015 Hiroshi Toi. All rights reserved.

ISBN978-4-86334-093-0
Printed in Japan